Impressum
Verlag: BABADADA GmbH, Nedderfeld 112 , 22529 Hamburg
Geschäftsführer / Verlagsleitung: Harald Hof
Druck: Books on Demand GmbH, In de Tarpen 42, 22848 Norderstedt

Imprint
Publisher: BABADADA GmbH, Nedderfeld 112 , 22529 Hamburg, Germany
Managing Director / Publishing direction: Harald Hof
Print: Books on Demand GmbH, In de Tarpen 42, 22848 Norderstedt, Germany

kennslustofa
បន្ទប់រៀន

deila
ចវែក

186/2

tafla
ក្ដារ

skólalóð
ទីធ្លាសាលារៀន

kennari
គ្រូបង្រៀន

pappír
ក្រដាស

skrifa
សរសេរ

penni
ប៊ិក

skrifborð
តុការិយាល័យ

reglustika
បន្ទាត់

bók
សៀវភៅ

nemandi
កូនសិស្ស

skólataska
សម្ភារៀនសុបកែ

pennaveski
ប៉ូអប់ដាក់ខ្មៅទៅដៃ

blýantur
ខ្មៅទៅដៃ

yddari
ប៉ូដាប់ខ្លងខ្មៅទៅដៃ

strokleður
ជ័រលុប

teikniblað
ផ្ទាំងគំនូរ

teikning

គំនូរ

pensill

ជក់គូរ

litakassi

បុរអេប់ថ្នាំលាប

skæri

កន្ត្រៃ

lím

ការបិទ

æfingabók

សៀវភៅលំហាត់

heimavinna

កិច្ចការផ្ទះ

númer

លេខ

leggja saman

បូក

draga frá

ដក

margfalda

គុណ

reikna

គណនា

bréf

លិខិត

stafróf

អក្ខរក្រម

orð

ពាក្យ

texti

អត្ថបទ

lesa

អាន

krít

ដីស

kennslustund

មេរៀន

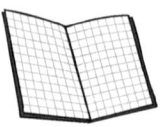

kladdi

ចុះឈ្មោះមេរៀន

próf

ការប្រឡង

vottorð

វិញ្ញាបនបត្រ

skólabúningur

ឯកសណ្ឋានសាលា

menntun

ការអប់រំ

alfræðirit

សព្វវចនាធិប្បាយ

háskóli

សាកលវិទ្យាល័យ

smásjá

មីក្រូទស្សន៍

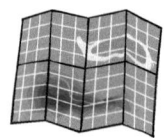

kort

ផែនទី

ruslakarfa

កន្ត្រករដាក់សំរាមកូរដាស

hótel
សណ្ឋាគារ

Grand

farfuglaheimili
សណ្ឋាគារកុមរង

gjaldeyrisskipti
ការវិយាល់យប្តូរប្រាក់

ferðataska
វ៉ាលី

bíll
រថយន្ត

		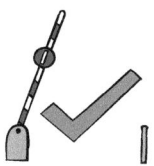
tungumál	já / nei	allt í lagi
ភាសា	បាទ / ទេ	យល់ព្រម

halló	þýðandi	takk fyrir
សាយ័ន្តសួស្តី!	អ្នកបកប្រែ	សូមអរគុណ

hvað kostar…?

ថ្លៃប៉ុន្មាន… ?

Ég skil ekki

ខ្ញុំមិនយល់

vandamál

បញ្ហា

Gott kvöld!

ទិវាសួស្តី!

Góðan dag!

អរុណសួស្តី

Góða nótt!

រាត្រីសួស្តី!

bless bless

លាហើយ

átt

ទិសដៅ

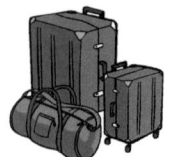

farangur

អីវ៉ាន់

taska

កាបូប

bakpoki

កាបូបស្ពាយក្រោយ

gestur

ភ្ញៀវ

herbergi

បន្ទប់

svefnpoki

ថង់ដេក

tjald

តង់

upplýsingamiðstöð

ព័ត៌មានទូរសេចរណ៍

strönd

ឆ្នេរ

kreditkort

កាតឥណទាន

morgunverður

អាហារពេលព្រឹក

hádegisverður

អាហារថ្ងៃត្រង់

kvöldmatur

អាហារពេលល្ងាច

farmiði

សំបុត្រ

lyfta

ជណ្តើរចេ្រយន្ត

frímerki

តុ្រា

landamæri

ព្រំដែន

tollur

គយ

sendiráð

ស្ថានទូត

vegabréfsáritun

ទិដ្ឋាការ

vegabréf

លិខិតឆ្លងដែន

samgöngur
ការដឹកជញ្ជូន

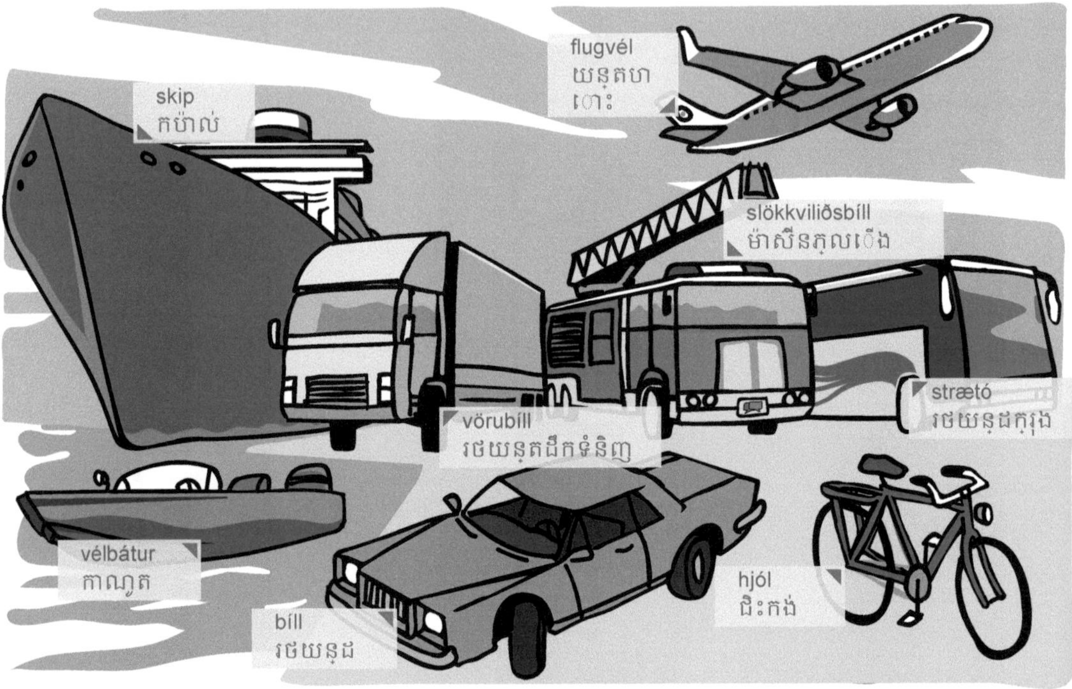

flugvél
យន្តហោះ
skip
កប៉ាល់
slökkviliðsbíll
ម៉ាសីនភ្លើង
strætó
រថយន្តក្រុង
vörubíll
រថយន្តដឹកទំនិញ
vélbátur
កាណូត
bíll
រថយន្ត
hjól
ជិះកង់

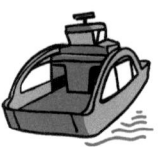

ferja

សាឡាង

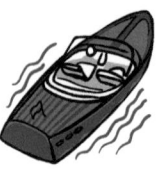

bátur

ទូក

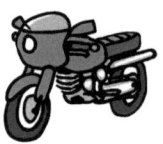

mótorhjól

ម៉ូតូ

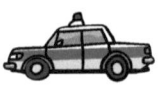

lögreglubíll

រថយន្តប៉ូលិស

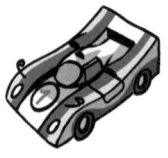

kappakstursbíll

រថយន្តប្រណាំង

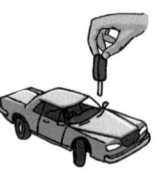

bílaleigubíll

រថយន្តជួល

bílasamneyti

ការកែសំរួលកែរថយន្ត

dráttarbíll

ឡានសូទួច

öskubíll

ឡានប្រមូលសំរាម

vél

ម៉ូទ័រ

eldsneyti

ប្រេងឥន្ធនៈ

bensínstöð

ស្ថានីយប្រេង

umferðarskilti

សូឡាកសញ្ញាចរាចរណ៍

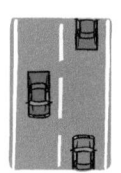

umferð

ការធ្វើចរាចរណ៍

umferðarteppa

កកស្ទះចរាចរណ៍

bílastæði

ចំណត

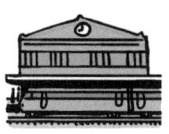

lestarstöð

ស្ថានីយរថភ្លើង

járnbrautarteinar

ផ្លូវដែក

lest

រថភ្លើង

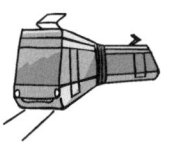

sporvagn

រថអគ្គីសនី

vagn

ទូរថភ្លើង

þyrla

ឧទ្ធម្ភាគចក្រ

flugvöllur

ពុរលានយន្តហោះ

turn

ប៉ម

farþegi

អ្នកដំណើរទូក

gámur

កុងតឺន័រ

pappakassi

ករដាសកាតុង

kerra

រទេះ

karfa

កញ្ចប់

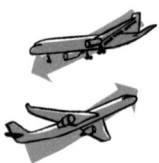

takast á loft / lenda

ហោះឡើង / ចុះ

borg

ទីក្រុង

þorp

ភូមិ

miðbær

កណ្ដាលទីក្រុង

hús

ផ្ទះ

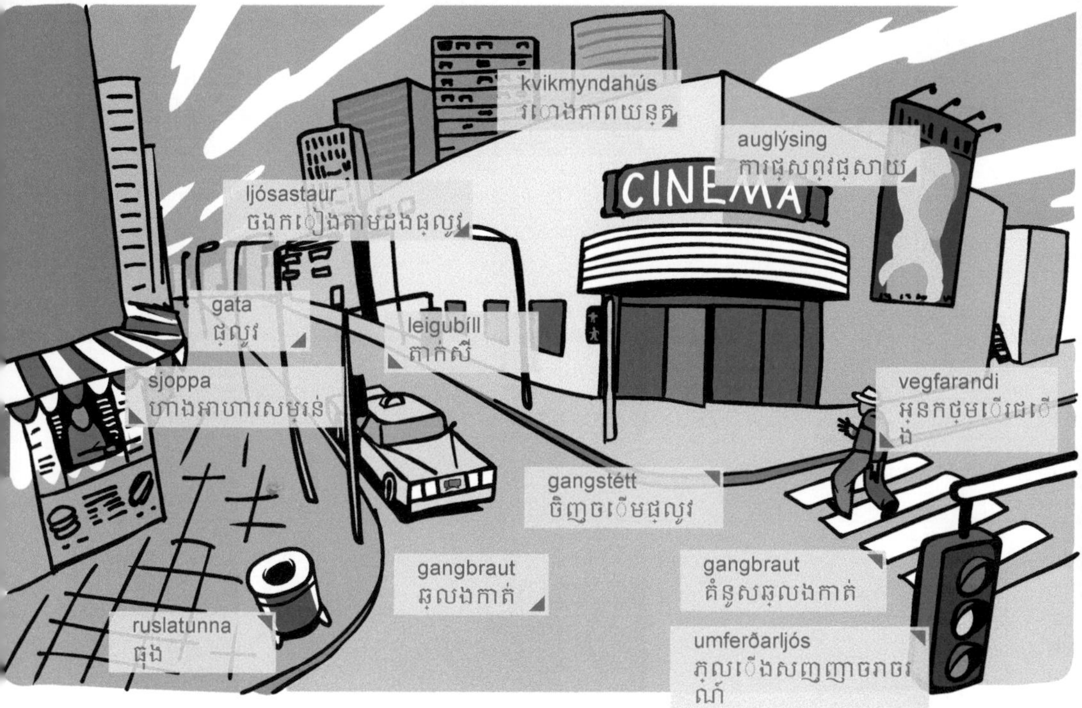
kvikmyndahús
រោងភាពយន្ត
auglýsing
ការផ្សព្វផ្សាយ
CINEMA
ljósastaur
ចង្កៀងតាមដងផ្លូវ
gata
ផ្លូវ
leigubíll
តាក់ស៊ី
sjoppa
ហាងអាហារសម្រន់
vegfarandi
អ្នកថ្មើរជើង
gangstétt
ចិញ្ចើមផ្លូវ
gangbraut
ឆ្លងកាត់
gangbraut
គំនូសឆ្លងកាត់
ruslatunna
ធុង
umferðarljós
ភ្លើងសញ្ញាចរាចរណ៍

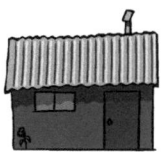

skáli

ខ្ទម

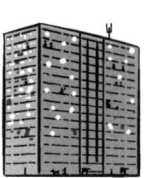

íbúð

ផ្ទះល្វែង

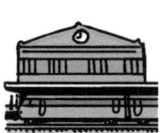

lestarstöð

ស្ថានីយរថភ្លើង

ráðhús

សាលាក្រុង

MUSEUM

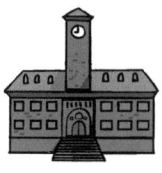

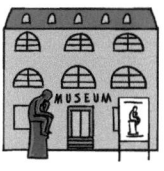

safn

សារមន្ទីរ

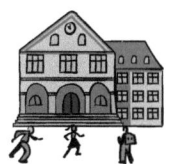

skóli

សាលារៀន

háskóli
សាកលវិទ្យាល័យ

banki
ធនាគារ

sjúkrahús
មន្ទីរពេទ្យ

hótel
សណ្ឋាគារ

apótek
ឱសថស្ថាន

skrifstofa
ការិយាល័យ

bókabúð
ហាងលក់សៀវភៅ

búð
ហាង

blómabúð
ហាងផ្កា

kjörbúð
ផ្សារទំនើប

markaður
ទីផ្សារ

stórmarkaður
ហាងទំនិញ

fiskbúð
ហាងលក់ត្រី

verslunarmiðstöð
មជ្ឈមណ្ឌលផ្សារទំនើ
ប

höfn
កំពង់ផែ

almenningsgarður

ឧទ្យាន

bekkur

បង្គ

brú

ស្ពាន

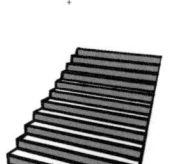

stigi

ជណ្ដើរ

neðanjarðarlest

ផ្លូវក្រោមដី

göng

ផ្លូវរូងក្រោមដី

biðstöð

ចំណតរថយន្តក្រុង

bar

បារ

veitingastaður

ភោជនីយដ្ឋាន

póstkassi

ប្រអប់សំបុត្រ

götuskilti

សញ្ញាតាមដងផ្លូវ

stöðumælir

ឧបករណ៍ប្រមូលផ្សលថៃណត

dýragarður

សួនសត្វ

sundlaug

អាងហាលែទឹក

moska

វិហារអ៊ីស្លាម

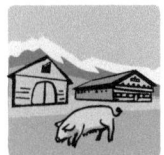

bær

កសិដ្ឋាន

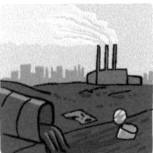

mengun

ការបំពុល

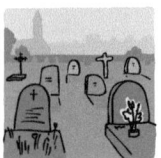

kirkjugarður

វាលកប់ខ្មោច

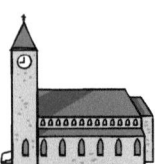

kirkja

ព្រះវិហារ

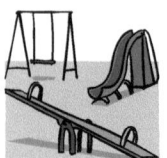

leiksvæði

គ្រឿងរំអិលក្មេងលេង

musteri

ប្រាសាទ

landslag
ទេសភាព

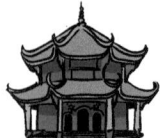

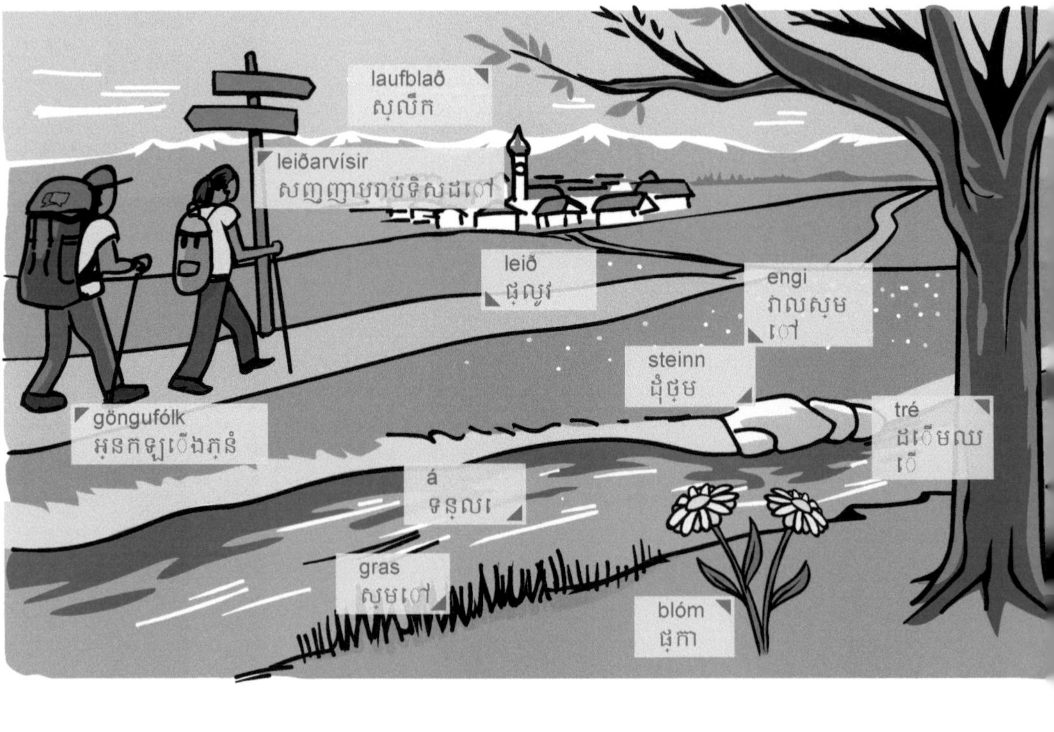
laufblað
ស្លឹក
leiðarvísir
សញ្ញាប្រាប់ទិសដៅ
leið
ផ្លូវ
engi
វាលស្មៅ
steinn
ដុំថ្ម
göngufólk
អ្នកឡើងភ្នំ
tré
ដើមឈើ
á
ទន្លេ
gras
ស្មៅ
blóm
ផ្កា

dalur

ជ្រលងភ្នំ

hæð

កូនភ្នំ

stöðuvatn

បឹង

skógur

ព្រៃឈើ

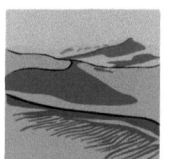

eyðimörk

វាលខ្សាច់

eldfjall

ភ្នំភ្លើង

kastali

គហោក្របី

regnbogi

ឥន្ទធនូ

sveppur

ផ្សិត

pálmatré

ដើមត្នោត

moskítófluga

មូស

fluga

រុយ

maur

ស្រមោច

býfluga

សត្វឃ្មុំ

kónguló

ពីងពាង

bjalla

សត្វកញ្ចៃ

froskur

កង្កែប

íkorni

កំប្រុក

broddgöltur

សត្វកាំបុរមា

héri

ទន្សាយសុលឹក

ugla

សត្វទីទុយ

fugl

បក្សី

svanur

ហង្ស

villisvín

ជ្រូក

dádýr

សត្វកុតាន់

elgur

សត្វកុជាន់

stífla

ទំនប់

vindmylla

កង្ហារខ្យល់

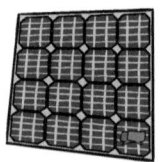

sólarrafhlaða

បន្ទះស្វ្យឡ្យា

loftslag

អាកាសធាតុ

veitingastaður
ភោជនីយដ្ឋាន

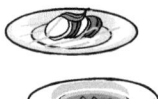

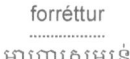

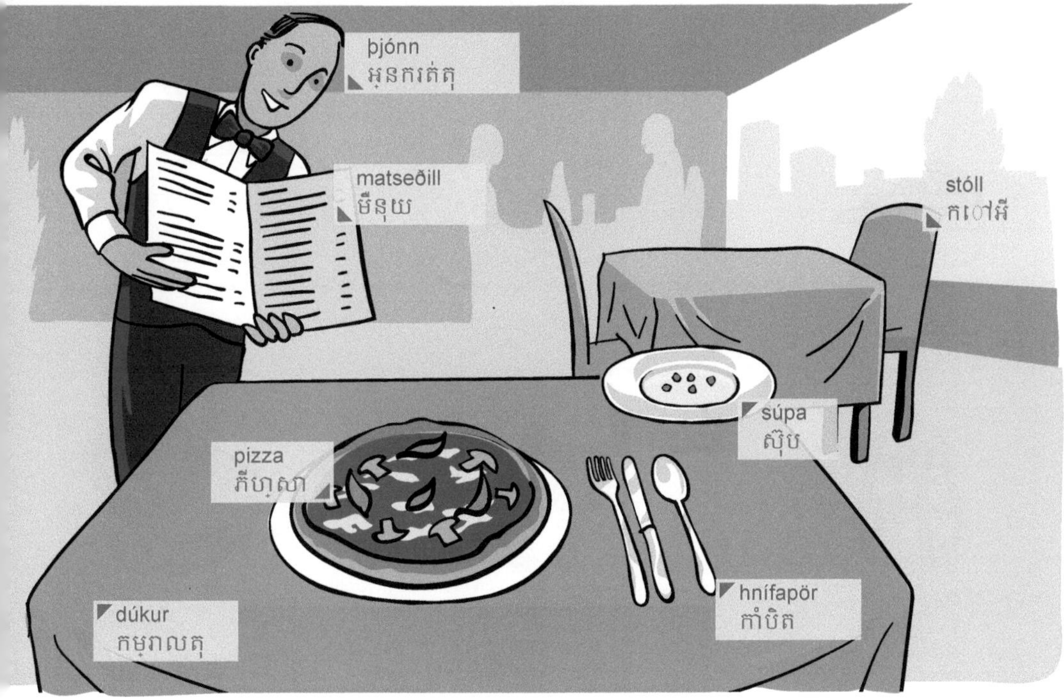

þjónn
អ្នករត់តុ
matseðill
មីនុយ
stóll
កៅអី
súpa
ស៊ុប
pizza
ភីហ្សា
dúkur
កម្រាលតុ
hnífapör
កាំបិត

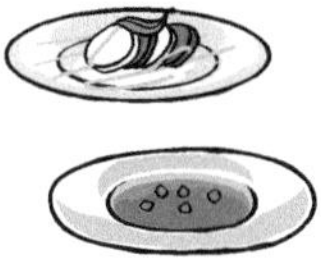

forréttur
អាហារសម្រន់

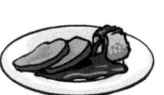

aðalréttur
អាហារសំខាន់

eftirréttur
បង្អែម

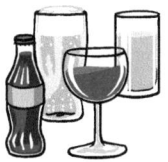

drykkir
ភេសជ្ជៈ

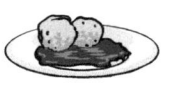

matur
អាហារ

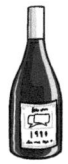

flaska
ដប

skyndibiti

អាហារហ័ស

götumatur

អាហារតាមផ្លូវ

teketill

ប៉ាន់តៃ

sykurskál

បូរអប់ស្ករ

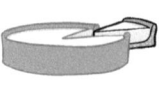

skammtur

ចំណិត

espressovél

ម៉ាស៊ីនឆុងកាហ្វេអ៊ិចស្ព្រេស្ស

barnastóll

កៅអីខ្ពស់

reikningur

វិក្កយបត្រ

bakki

ថាស

hnífur

កាំបិត

gaffall

សម

skeið

ស្លាបព្រា

teskeið

ស្លាបព្រាកាហ្វេ

servíetta

កន្សែងជូតខ្លួន

glas

កវែ

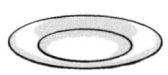

diskur
ចានទាប

súpudiskur
ចានស៊ុប

undirskál
ចានទ្រនាប់

sósa
ទឹកជ្រលក់

saltstaukur
ដបអំបិល

piparkvörn
ឬដាប់កិនម្រេច

edik
ទឹកខ្មេះ

olía
ឬរ៉ង

krydd
គ្រឿងទេស

tómatsósa
ទឹកប៉េងប៉ោះ

sinnep
ម៉ូតាក

majónes
ទឹកមយ៉ូណេ

kjörbúð
ផ្សារទំនើប

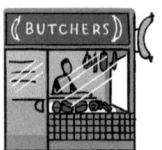

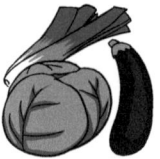

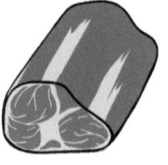

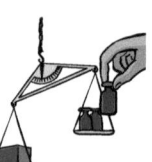

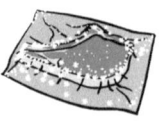

tilboð
ការផ្តល់ជូនពិសេស
viðskiptavinur
អតិថិជន
mjólkurvörur
ទឹកដោះគោ
FOR
ávöxtur
ផ្លែឈើ
búðarkerra
រទេះរុញ

BUTCHERS

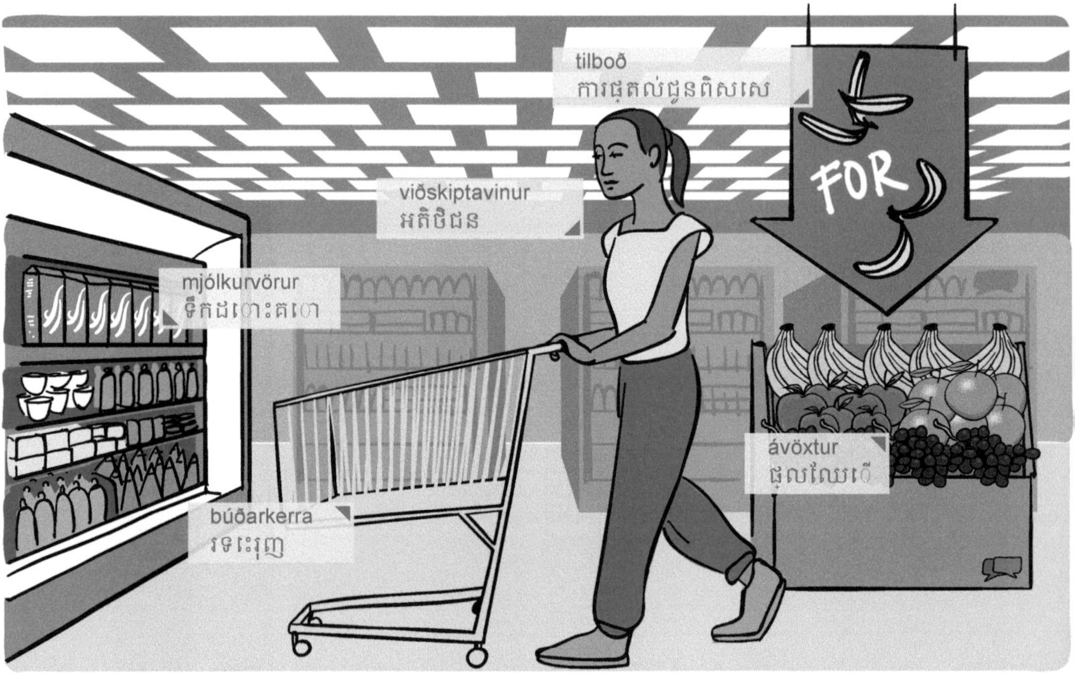

slátrari

ហាងកាប់ជ្រូក

BAKERY

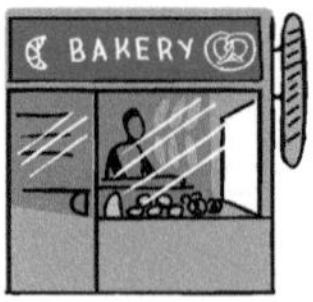

bakarí

ហាងដុតនំ

vega

ថ្លឹង

grænmeti

បន្លែ

kjöt

សាច់

frosinn matur

អាហារក្លាស្សេ

kjötálegg

សាច់កុលាសរ

niðursoðinn matur

អាហារកំប៉ុង

þvottaefni

មុសពៅឡាង

sælgæti

សុអរតុរាប់

vörur til heimilisnota

ផលិតផលក្នុងគ្រួសារ

hreinsiefni

ផលិតផលសមុអាត

afgreiðslukona

អ្នកលក់

afgreiðslukassi

ថតដាក់លុយ

gjaldkeri

បង្ក្រា

innkaupalisti

បញ្ជីទិញទំនិញ

opnunartímar

ម៉ោងធ្វើការ

veski

កាបូបលុយបុរស

kreditkort

កាតឥណទាន

poki

ថង់

plastpoki

ថង់បុលាស្ទិច

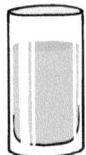

vatn

ទឹក

safi

ទឹកផ្លែឈើ

mjólk

ទឹកដោះគោ

kók

កូកាកូឡា

vín

ស្រា

bjór

ស្រាបៀរ

áfengi

គ្រឿងស្រវឹង

kakó

កាការ

te

តែ

kaffi

កាហ្វេ

espresso

កាហ្វេអ៊ិចស្ព្រេស្សូ

kaffi

កាហ្វេកោពូឈីណូ

banani

ចេក

epli

ផ្លែប៉ោម

appelsínugulur

ផ្លែក្រូច

melóna

ឪឡឹក

sítróna

ក្រូចឆ្មា

gulrót

ការ៉ុត

hvítlaukur

ខ្ទឹម

bambus

ប្រសី

laukur

ខ្ទឹមបារាំង

sveppir

ផ្សិត

hnetur

គ្រាប់ផ្លែឈើ

núðlur

មី

spagettí

មីអ៊ីតាលី

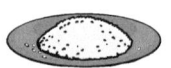

hrísgrjón

បាយ

salat

សាឡាត់

franskar kartöflur

ដំឡូងចៀន

steiktar kartöflur

ដំឡូងចៀន

pizza

ភីហុសា

hamborgari

បឺហ្គឺ

samloka

សាំងវិច

snitsel

សាច់ជាប់ត្បុតអឹងជំនី

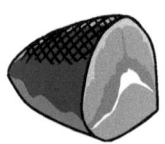

skinka

ហាំ

salami

សាឡាមី

pylsa

សាច់ក្រុក

kjúklingur

សាច់មាន់

steik

អាំង

fiskur

ត្រី

haframjöl
អាវ៉ែនបបរ

múslí
មុយស៊ុលី

kornflögur
ដំឡូងចំណិត

hveiti
មុសរៅ

franskt horn
នំគ្រួសង

smábrauð
នំបុ័ងមុយ៉ាងមូលតូចៗ

brauð
នំបុ័ង

ristað brauð
អាំង

kex
នំប៊ីស្គី

smjör
បឺរ

ystingur
ទឹកដេាះខាប់

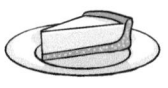

kaka
នំខេក

egg
ស៊ុត

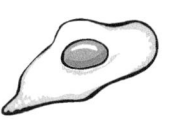

spælt egg
ស៊ុតចៀន

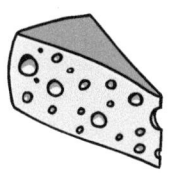

ostur
ឈីស

ís

កាំរ៉េម

sykur

ស្ករ

hunang

ទឹកឃ្មុំ

sulta

ជំណាប់

súkkulaðiálegg

កូរម៉ែតាំងម៉ៃ

karrý

ការី

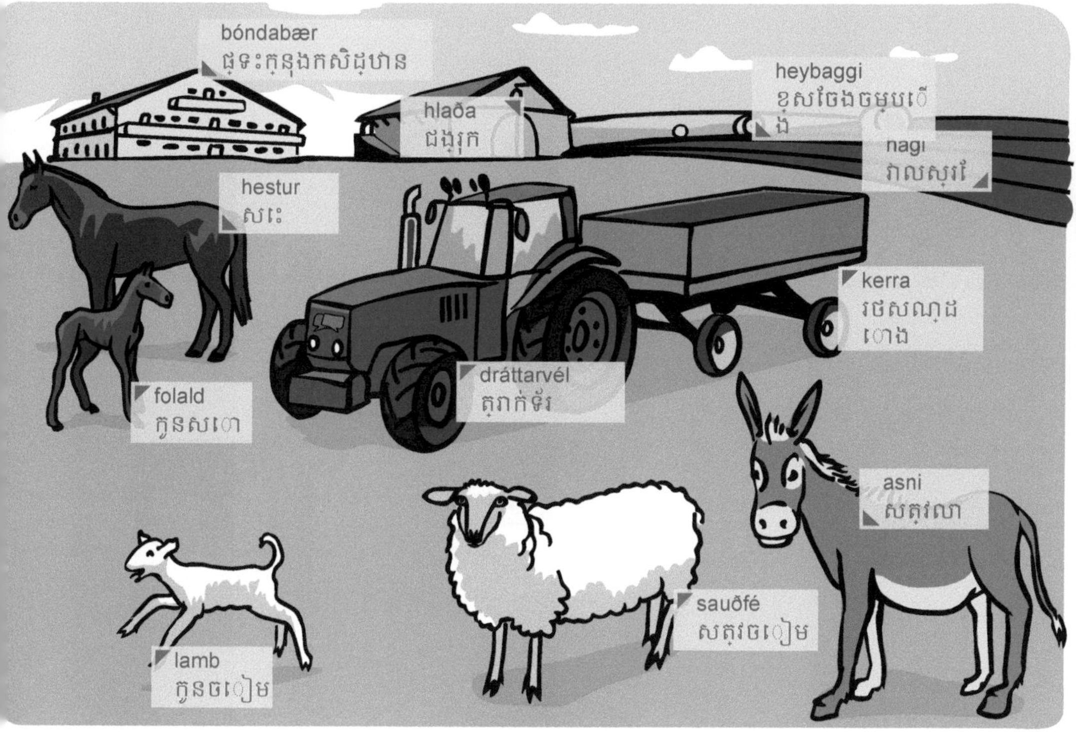

bóndabær
ផ្ទះក្នុងកសិដ្ឋហាន

heybaggi
ខ្សែចែងចម្បេ...
ង់

hlaða
ជង្រុក

nagi
វាលស្មៅរ៉ែ

hestur
សេះ

kerra
រថសណ្ដុជ
ទោង

folald
កូនសសេ

dráttarvél
តុវាក់ទ័រ

asni
សត្វលា

sauðfé
សត្វចេ្រៀម

lamb
កូនចេ្រៀម

geit

ពពែ

kýr

គោញី

kálfur

កូនគោ

svín

ជ្រូក

grís

កូនជ្រូក

naut

គោឈ្មោល

gæs

សត្វក្ងាន

önd

ទា

ungi

កូនមាន់

hæna

មមោន់

hani

មាន់ឈ្មោល

rotta

កណ្ដុរ

köttur

ឆ្មា

mús

កណ្ដុរប្របមេះ

uxi

គោឈ្មោល

hundur

ឆ្កែ

hundakofi

ផ្ទះឆ្កែ

garðslanga

ទុយោទឹក

garðkanna

ធុងស្រោចទឹក

ljár

ខ្ចៃវក

plógur

នង្គ័ល

sigð

កណ្ដៀវរៀវ

hlújárn

ចបកាប់

heygaffall

រនាស់

öxi

ពូថៅ

hjólbörur

រទេះរុញ

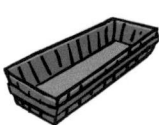

trog

ស្នូក

mjólkurfata

កំប៉ុងទឹកដោះគោ

poki

ហាវ

girðing

របង

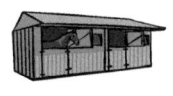

gripahús

កូនរោល

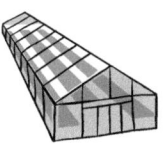

gróðurhús

ផ្ទះកញ្ចក់

jarðvegur

ដី

fræ

គ្រាប់ពូជ

áburður

ជី

kornskurðarvél

ម៉ាស៊ីនច្រូតមួលផល

uppskera

បុរមួលផល

uppskera

ការបុរមួលផល

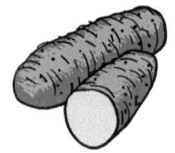

kínverskar kartöflur

ដំឡូងជួរ

hveiti

ស្រូវសាលី

soja

សណ្ដែកសៀ្យង

kartafla

ដំឡូងជួរ

maís

ពោត

repja

គុរាប់បុររេ្យ្យបែ

ávaxtatré

ដេ្យីមឈេ្យីហ្មបផ្លរៃ

maníókarót

ដំឡូងម៉ី

korn

ចញ្ញជាតិ

strompur
បំពង់ផ្សែង

þak
ដំបូល

niðurfall
ទរបង្ហូរទឹក

gluggi
បង្អួច

bílskúr
ហ្គារ៉ាស

dyrabjalla
កណ្តឹងទ្វារ

dyr
ទ្វារ

öskutunna
ធុងសំរាម

póstkassi
ប្រអប់សំបុត្រ

garður
សួនច្បារ

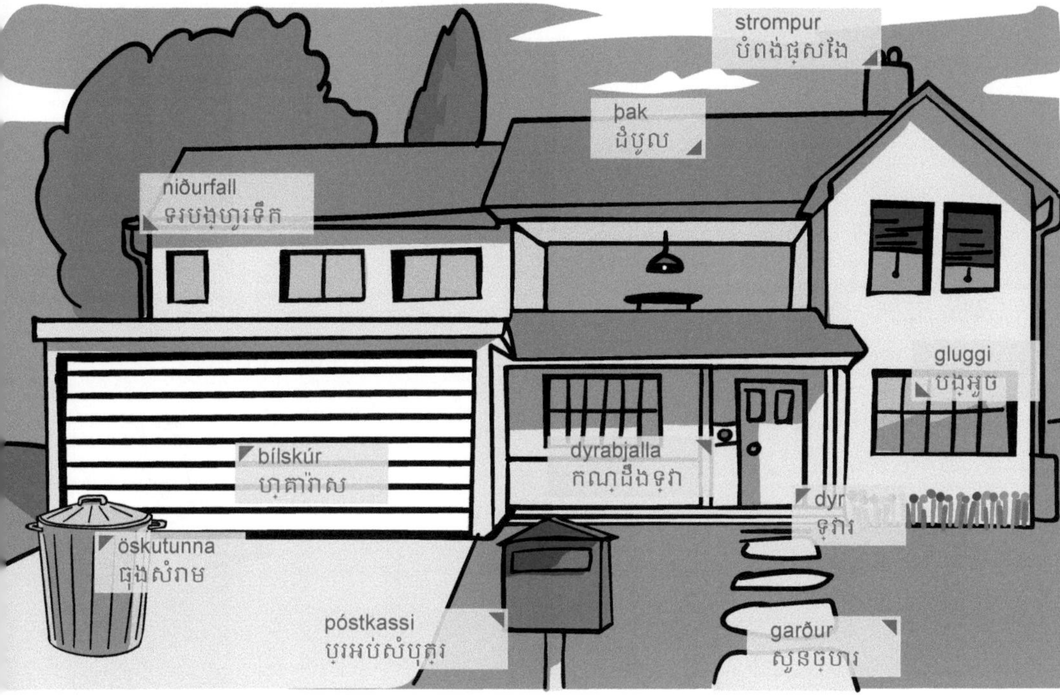

stofa
បន្ទប់ទទួលភ្ញៀវ

baðherbergi
បន្ទប់ទឹក

eldhús
ផ្ទះបាយ

svefnherbergi
បន្ទប់គេង

barnaherbergi
បន្ទប់របស់កុមារ

borðstofa
បន្ទប់ទទួលទានអាហារ

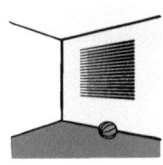

gólf

ជាន់

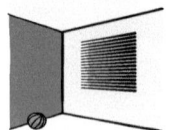

veggur

ជញ្ជាំង

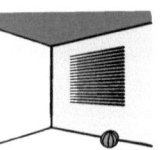

loft

ពិដាន

kjallari

បន្ទប់ក្រោមដី

gufubað

សូណា

svalir

យ៉ិរ

verönd

ផ្ទះវាបសុមភ្លើនទៅជមុរល
ភ្នំ

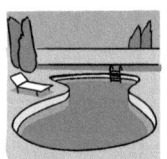

sundlaug

អាងហាលែទឹក

sláttuvél

ម៉ាស៊ីនកាត់សុមទៅ

lak

សនុលឹក

rúmteppi

កមុរលគុរដៃកេ

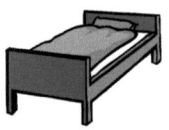

rúm

គុរឞ

kústur

អំបោស

fata

ធុង

rofi

កុងតាក់

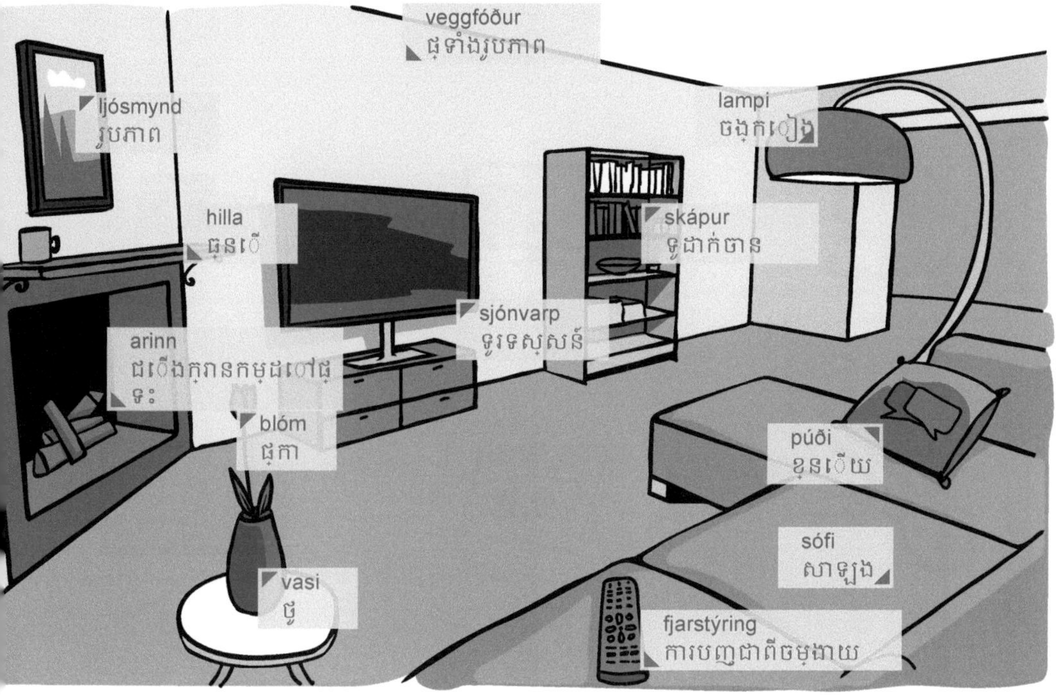

veggfóður
ផ្ទាំងរូបភាព

ljósmynd
រូបភាព

lampi
ចង្កៀងរៀង

hilla
ធ្នើរ

skápur
ទូជាក់ចាន

arinn
ជញ្ជើងក្នុងកម្ដៅផ្ទះ

sjónvarp
ទូរទស្សន៍

blóm
ផ្កា

púði
ខ្នើយ

sófi
សាឡុង

vasi
ថូ

fjarstýring
ការបញ្ជាពីចម្ងាយ

teppi
កម្រាលព្រំ

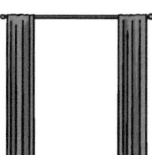

gardínur
វាំងនន

borð
តុ

stóll
កៅអី

ruggustóll
កៅអីប៉ាក់ប៉ែក

hægindastóll
កៅអីភ្នាក់ដៃ

bók

សៀវភៅ

sæng

ភូយ

skraut

ការតុបតែង

eldiviður

អុសដុត

mynd

ខ្សែភាពយន្ត

hljómflutningstæki

ឧបករណ៍ Hi-Fi

lykill

កូនសោ

dagblað

កាសែត

málverk

គំនូរ

veggspjald

ផ្ទាំងរូបភាព

útvarp

វិទ្យុ

minnisbók

ណូតជគេ

ryksuga

ម៉ាស៊ីនបូមធូលី

kaktus

ដំបងយក្ស

kerti

ទៀន

eldhús
ផ្ទះបាយ

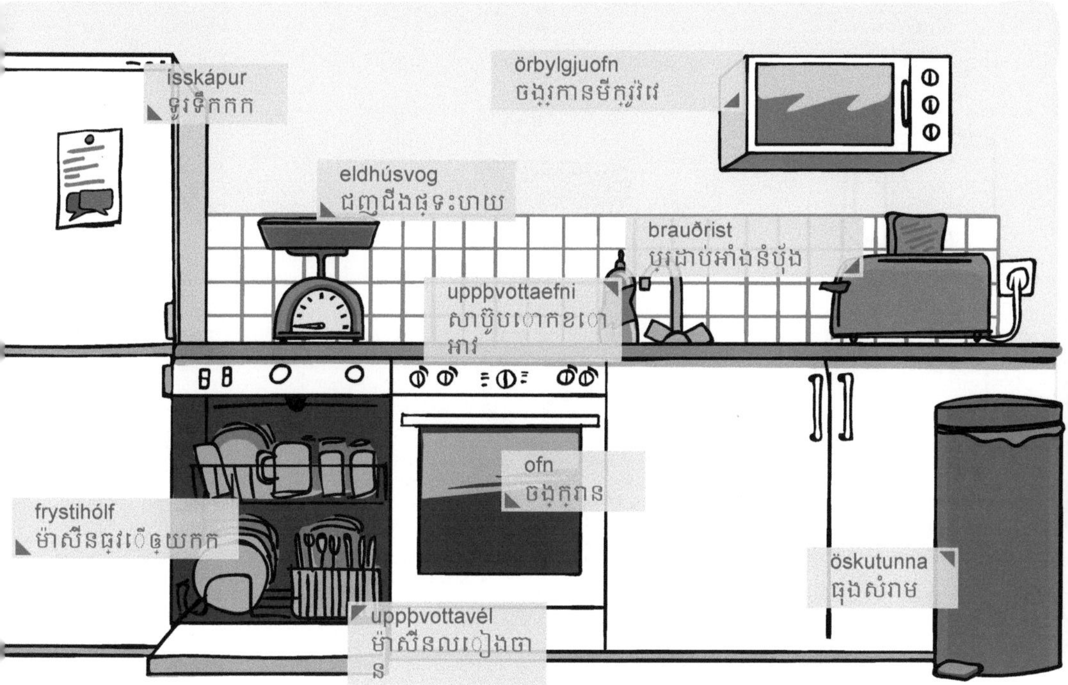

ísskápur
ទូរទឹកកក
örbylgjuofn
ចង្ក្រានមីក្រូវ៉េវ
eldhúsvog
ជញ្ជីងផ្ទះបាយ
brauðrist
ប្រដាប់អាំងនំប៉័ង
uppþvottaefni
សាប៊ូបោកខោអាវ
ofn
ចង្ក្រាន
frystihólf
ម៉ាស៊ីនធ្វើទឹកកក
uppþvottavél
ម៉ាស៊ីនលាងចាន
öskutunna
ធុងសំរាម

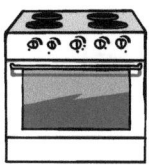

eldavél

ចង្ក្រាន

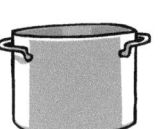

pottur

ឆ្នាំង

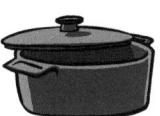

steypujárnspottur

ឆ្នាំងដែក

wok/kadai

ខ្ទះ / ខ្ទះឥណ្ឌា

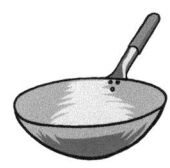

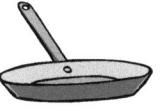

panna

ខ្ទះ

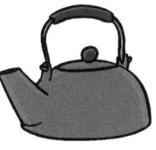

ketill

កំសៀវ

gufukarfa

ត្នាំងចំហុយ

ofnform

ថាសដុតនំ

leirtau

គ្រឿងចានត្នាំងដី

mál

ថ្

skál

ចានគគោម

prjónar

ចង្កឹះ

ausa

វែកសមុល

spaði

វែកគូរ

pískur

ប្រដាប់វាយក្តូវឡ្បក

sigti

តម្រង

málmsigti

កន្ត្រង

rifjárn

ប្រដាប់កគោសដួង

mortél

គ្រុហាល

grill

ការអាំងសាច់

opinn eldur

ចង្ក្រានចំហា

skurðarbretti
ជុរញ្

kökukefli
បុរដាប់កិនម្សៅ

tappatogari
បុរដាប់ម្សៅបើកឆ្នុកសុរា

dós
កំប៉ុង

dósaopnari
បុរដាប់បើកកំប៉ុង

pottaleppur
ក្រណាត់ទ្រាប់ឆ្នាំង

vaskur
កន្លែងលាងចាន

bursti
ជក់

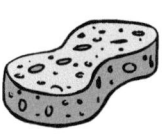
svampur
អប៉ុង

blandari
ម៉ាស៊ីនកូឡ្បៀក

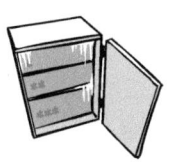
frystir
ទូទឹកកកខ្នាតតូច

peli
ដបទឹកដោះគោ

blöndunartæki
រូបីណារ

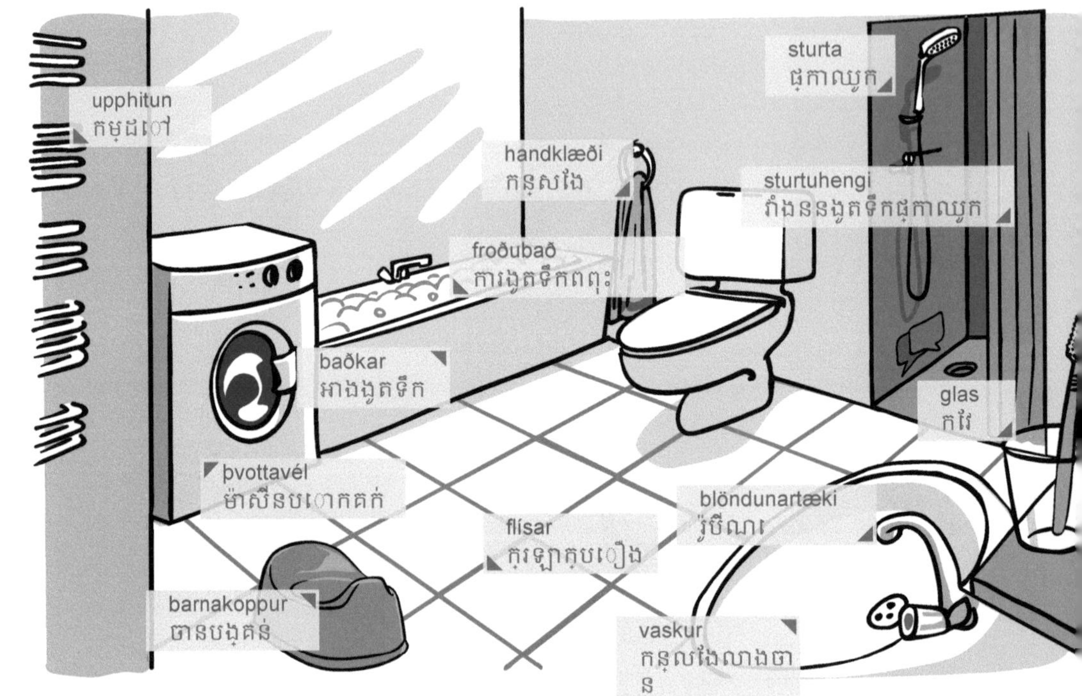

upphitun
កម្ដៅ

sturta
ផ្កាឈូក

handklæði
កន្សែង

sturtuhengi
រាំងននង្គុតទឹកផ្កាឈូក

froðubað
ការងូតទឹកពពុះ

baðkar
អាងងូតទឹក

glas
កែវ

þvottavél
ម៉ាស៊ីនបោកគក់

blöndunartæki
រូបីណា

flísar
ក្បឿងក្របឿង

barnakoppur
ចានបង្គន់

vaskur
កន្សែងលាងចាន

salerni	salerni án setu	skolskál
បង្គន់	បង្គន់អង្គុយ	ជរើងជម្ររះកាយ
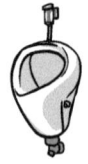		
þvagskál	salernispappír	salernisbursti
កូឡាទឹកនោម	ក្រដាសបង្គន់	ច្រាសដុសបង្គន់ន

tannbursti
ច្រាសដុសធ្មេញ

tannkrem
ថ្នាំដុសធ្មេញ

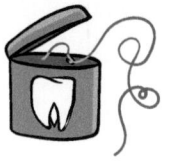

tannþráður
ខ្សែទាក់សម្អាតធ្មេញ

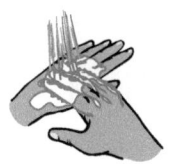

þvo
លាង

handsturta
បួរដាប់ដាក់ដៃផ្កាឈូក

salernissturta
ទឹកថ្នាំសម្រាប់បាញ់លាង

vaskur
អាង

bakbursti
ច្រាសដុសខ្នង

sápa
សាប៊ូ

sturtugel
ជែលសម្រាប់ងូតទឹកផ្កាឈូក

sjampó
សាប៊ូ

flannel
សក្លាត

niðurfall
បំពង់បង្ហូរទឹក

krem
ក្រែម

svitalyktareyðir
ថ្នាំបំហាត់ក្លិនអាក្រក់

spegill

កញ្ចក់

handspegill

កញ្ចក់ដៃ

rakskafa

ប្រដាប់កកោរ

raksápa

ហ្វូមកកោរពុកមាត់

rakspíri

ទឹកលាងក្រកោយកកោរពុកម
ាត់រួច

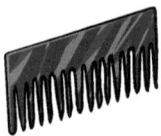

greiða

ក្រាស

bursti

ជក់

hárþurrka

ប្រដាប់សម្ងួតសក់

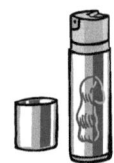

hársprey

ស្ព្រាយបាញ់សក់

farði

ការតុបតែងមុខ

varalitur

ក្រមែលាបមាត់

naglalakk

ថ្នាំលាបក្រចក

bómull

រោមកប្បាស

naglaklippur

កន្ត្រៃកោតក្រចក

ilmvatn

ទឹកអប់

þvottapoki

កាបូបបពោកគត់

kollur

លាមក

vog

ជញ្ជីងថ្លឹងទម្ងន់

sloppur

អាវពាក់ងូតទឹក

gúmmíhanskar

ស្រោមដៃពៅស្ថ្យ

tíðatappi

ធ្នុក

dömubindi

កន្សែងអនាម័យ

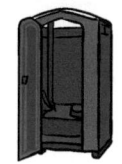

efnasalerni

បង្គន់គីមី

barnaherbergi

បន្ទប់របស់កុមារ

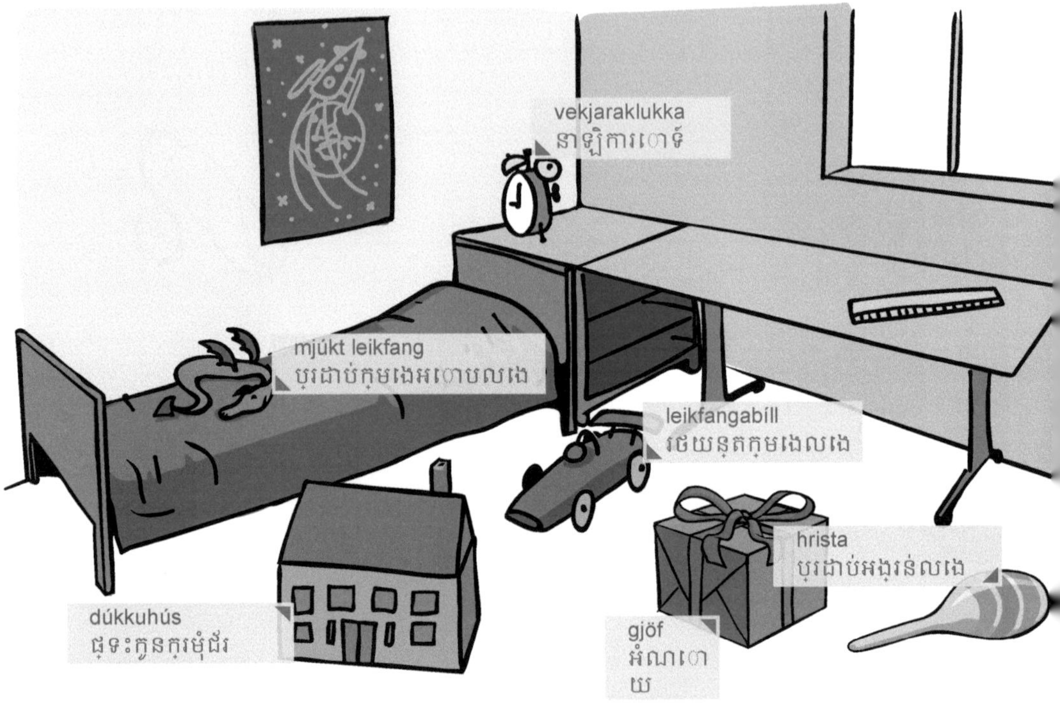

vekjaraklukka
នាឡិការោទ៍
mjúkt leikfang
ប្រដាប់ក្មេងអោបលេង
leikfangabíll
រថយន្តក្មេងលេង
hrista
ប្រដាប់អង្រន់លេង
dúkkuhús
ផ្ទះកូនក្រមុំជ័រ
gjöf
អំណោយ

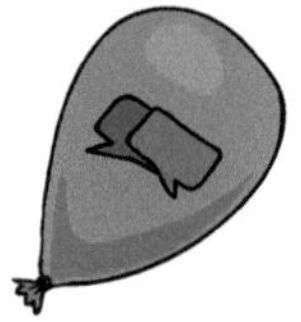

blaðra

ប៉េងប៉ោង

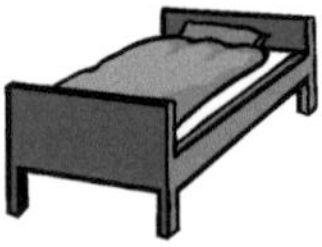

rúm

គ្រែ

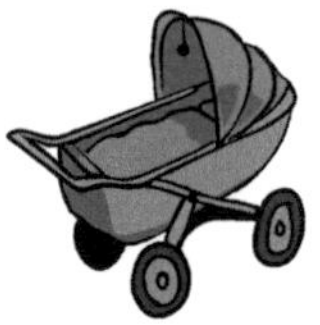

barnavagn

រទេះរុញទារក

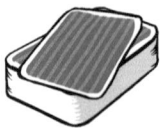

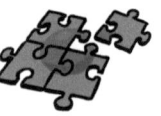

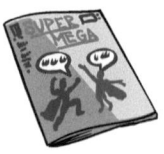

spilastokkur

ហ៊ូបៀ

púsluspil

រូបផ្គុំ

myndasaga

កំប្លែង

legókubbar
ឆ្នុំរ Lego

leikfangakubbar
បុលុកឬដោប់កុមឆេលង

leikfangakall
តុលខេសកម្មភាព

samfestingur
ខោអាវទារក

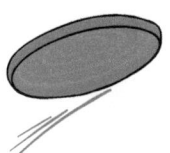

Frisbídiskur
ការគប់ចាស

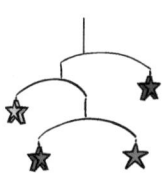

órói
ទូរស័ព្ទដៃ

spilaborð
កុតារលេងបៃ

teningar
គុរាប់ឡ្យកឡ្យាក់

lestarlíkan
ឈុតរថភ្លលើងគំរ

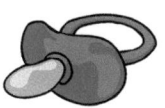

snuð
រូបសំណាក

veisla
គណបកុស

myndabók
សរៀ]រភៅរូបភាព

bolti
ហាល់

brúða
កូនកុម្មុំតុក្កតា

spila
លេង

sandkassi

ធុងដីខ្សាច់

sveifla

ទោង

leikföng

ប្រដាប់កុមងេលងេ

leikjatölva

កុងស្សូលដីអ្វេហ្គតមេ

þríhjól

កូវីចក្រយានយន្ត

bangsi

តុក្កតាខ្លាឃ្មុំ

fataskápur

ទូខោអាវ

sokkar

ស្រោមជេីង

kvensokkabuxur

ស្រោមជេីងវែង

sokkabuxur

ខោទុរនាប់នារី

trefill
កូរម៉ា

regnhlíf
ឆត្រ

stuttermabolur
អាវយឺត

belti
ខ្សែក្រវាត់

skór
ស្បែកជេ្ចីងកររ
ជើ

inniskór
ស្បែកជើងពាក់នៅ
ទុះ

strigaskór
ស្បែកជើងប៉ាតា

sandalar
ស្បែកជើងសង្រែក

skór
ស្បែកជើង

gúmmístígvél
ស្បែកជើងករែងកៅទៅស្ូ

nærbuxur
ខោទុរនាប់បុរស

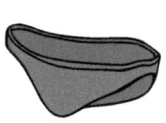

brjóstahaldari
អាវទុរនាប់

vesti
អាវកាក់

samfella
រាងកាយ

buxur
ខោទ្រវែង

gallabuxur
ខោទ្រវខ្លីបិយ

pils
សំពត់

blússa
អាវក្រុរទៅ

skyrta
អាវ

peysa
អាវយឺត

hettupeysa
អាវយឺត

jakki
អាវធំ

jakki
អាវក្រុរទៅ

frakki
អាវធំ

regnfrakki
អាវភ្លៀ្រ្រៀង

dragt
គូររៀងតង

kjóll
អាវរង

brúðarkjóll
សំលៀ្រកបំពាក់អាពាហ៍ពិពា
ហ៍

jakkaföt

ខោអាវឈុត

náttkjóll

រ៉ូបរាត្រី

náttföt

ឈុតគេង

Sari

សារី

höfuðslæða

កន្សែងដួតក្បាល

túrban

ផ្នួត

búrka

ស៊ុបម៉ែខ

kaftan

kaftan

abaya

abaya

sundföt

ឈុតហាលែទឹក

sundbuxur

ខោខ្លី

stuttbuxur

ខោខ្លី

íþróttagalli

ឈុតហាត់កីឡា

svunta

អាវអៀម

hanskar

ស្រោមដៃ

hnappur

ឲ្យរអារ

gleraugu

វ៉ែនតា

armband

ខ្សដៃ

hálsmen

ខ្សកែ

hringur

ចិញ្ចៀន

eyrnalokkur

កុវិល

húfa

មួក

herðatré

បុរដាបំពួយអារកុរេ ៅ

hattur

មួក

bindi

កុរវាត់ក

rennilás

រូត

hjálmur

មួកសុវត្តុថិភាព

axlabönd

ខុសវ៉ៃ

skólabúningur

ឯកសណ្ឋានសាលា

einkennisbúningur

ឯកសណ្ឋាន

smekkur

អៀមទារក

snuð

រូបសំណាក

bleyja

ខោទឹកនោម

skrifstofa
ការិយាល័យ

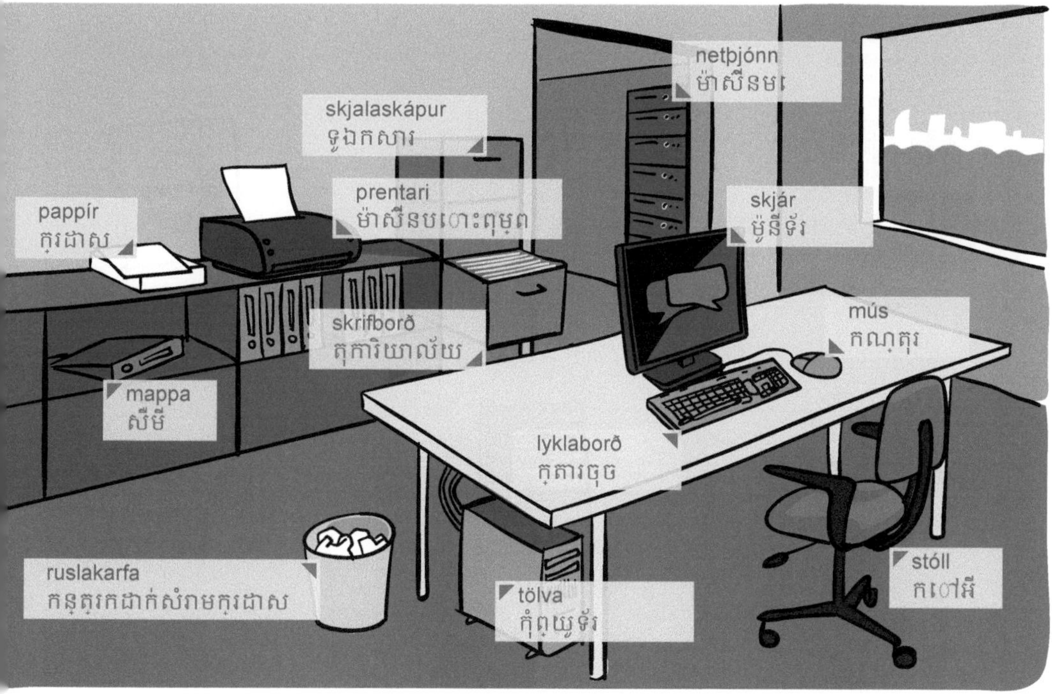

netþjónn
ម៉ាស៊ីនមេ

skjalaskápur
ទូងកសារ

prentari
ម៉ាស៊ីនបញ្ចេះពុម្ព

pappír
ក្រដាស

skjár
ម៉ូនីទ័រ

skrifborð
តុការិយាល័យ

mús
កណ្ដុរ

mappa
ស៊ីម៉ី

lyklaborð
ក្តារចុច

ruslakarfa
កន្ត្រករដាក់សំរាមក្រដាស

stóll
កៅអី

tölva
កុំព្យូទ័រ

kaffibolli

កវ៉ែកាហ្វេ

reiknivél

ម៉ាស៊ីនគិតលេខ

internet

អ៊ីនធឺណិត

fartölva

កុំព្យូទ័រយួរដៃ

bréf

លិខិត

skilaboð

សារ

farsími

ទូរស័ព្ទដៃ

net

បណ្តាញ

ljósritunarvél

ម៉ាស៊ីនថតចម្លង

hugbúnaður

ស្វហ្វវែរ

sími

ទូរស័ព្ទ

innstunga

រន្ធជ‌ោត

faxtæki

ម៉ាស៊ីនទូរសារ

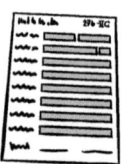

eyðublað

ទម្រង់បែបបទ

skjal

ឯកសារ

kaupa

ទិញ

borga

បង់ប្រាក់

versla

ធ្វើជំនួញ

peningar

លុយ

dollari

ប្រាក់ដុល្លារ

evra

ប្រាក់អឺរ៉ូ

jen

ប្រាក់យ៉េន

rúbla

ប្រាក់រូបិល

svissneskur franki

ហ្វ្រង់ស៊្វីស

renminbi yuan

ប្រាក់យ៉ន

rúpíur

ប្រាក់រូពី

hraðbanki

កន្លែងបូររើសាច់ប្រាក់

gjaldeyrisskipti

ការិយាល័យបូរប្តូរប្រាក់

gull

មាស

silfur

ប្រាក់

olía

ប្រេង

orka

ថាមពល

verð

តម្លៃ

samningur

កិច្ចសន្យា

skattur

ពន្ធ

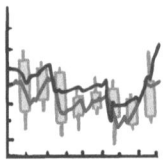

hlutabréf

ភាគហ៊ុន

vinna

ធ្វើការ

starfsmaður

បុគ្គលិក

vinnuveitandi

និយោជក

verksmiðja

រោងចក្រ

búð

ហាង

starfsgreinar

មុខរបរ

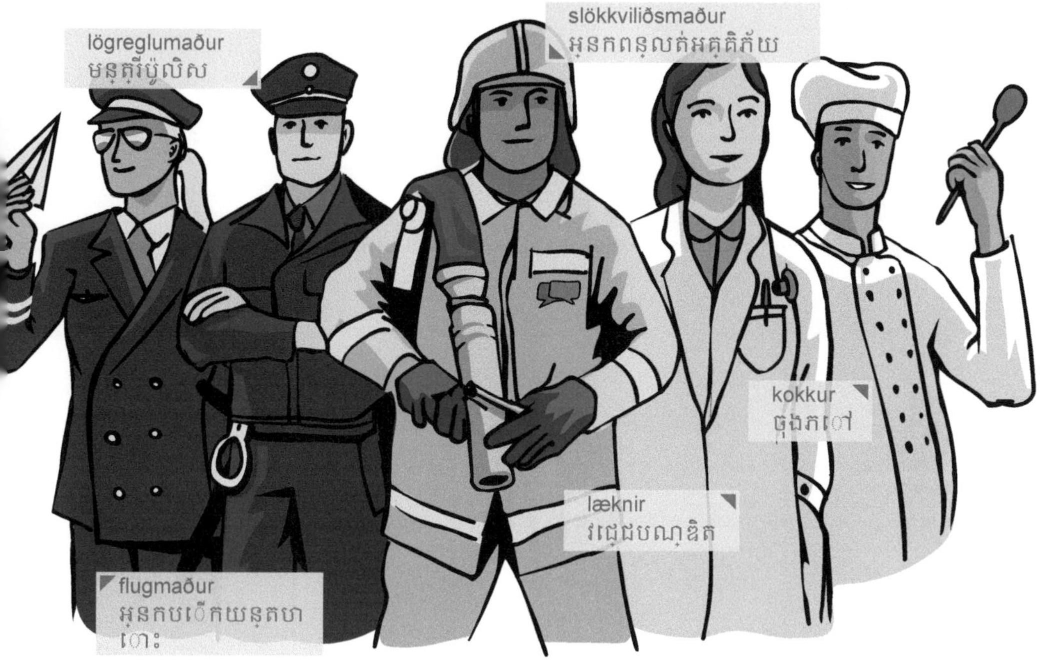
lögreglumaður
មន្ត្រីប៉ូលិស
slökkviliðsmaður
អ្នកពន្លត់អគ្គិភ័យ
kokkur
ចុងភៅ
læknir
វេជ្ជបណ្ឌិត
flugmaður
អ្នកបើកយន្តហោះ

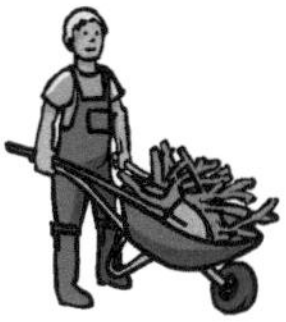

garðyrkjumaður

អ្នកថែសួន

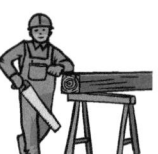

smiður

ជាងឈើ

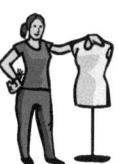

saumakona

ជាងកាត់ដេរ

dómari

ចៅក្រម

lyfjafræðingur

គីមីវិទូ

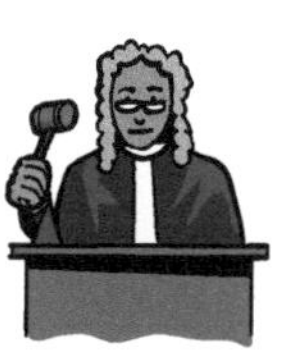

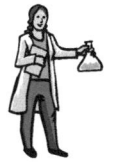

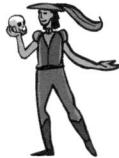

leikari

តួកុន

strætóbílstjóri

អ្នកបើកឡានក្រុង

leigubílstjóri

អ្នកបើកតាក់ស៊ី

sjómaður

អ្នកនេសាទ

ræstitæknir

សុត្តិអ្នកសម្អាត

þaksmiður

ជាងដំបូល

þjónn

អ្នករតតុ

veiðimaður

អ្នកបរហាញ់សត្វ

málari

វិចិត្តរករ

bakari

អ្នកដុតនំ

rafvirki

ជាងអគ្គីសនី

byggingaverkamaður

ជាងសំណង់

verkfræðingur

វិស្វករ

slátrari

អ្នកកាប់សាច់

pípari

ជាងជួសជុលទុយោរទឹក

póstmaður

អ្នករតសំបុត្រ

hermaður

ទាហាន

arkitekt

ស្ថាបត្យករ

gjaldkeri

បេឡា

blómasali

អ្នកលក់ផ្កា

hárgreiðslumaður

អ្នកអ៊ិតសក់

lestarstjóri

អ្នកយកលុយ

vélvirki

ជាងម៉ាស៊ីន

skipstjóri

កាព៉ីទ័នៃ

tannlæknir

ពទ្យធ្មេញ

vísindamaður

អ្នកទ្យោសាស្ត្រ

rabbíi

គ្រូបង្រៀនច្បាប់សញ្ជាតិ
ជីហ្វរ

Imam

លោកសង្ឃយចាម

munkur

ព្រះសង្ឃយ

prestur

បព្វជិត

verkfæri
ឧបករណ៍

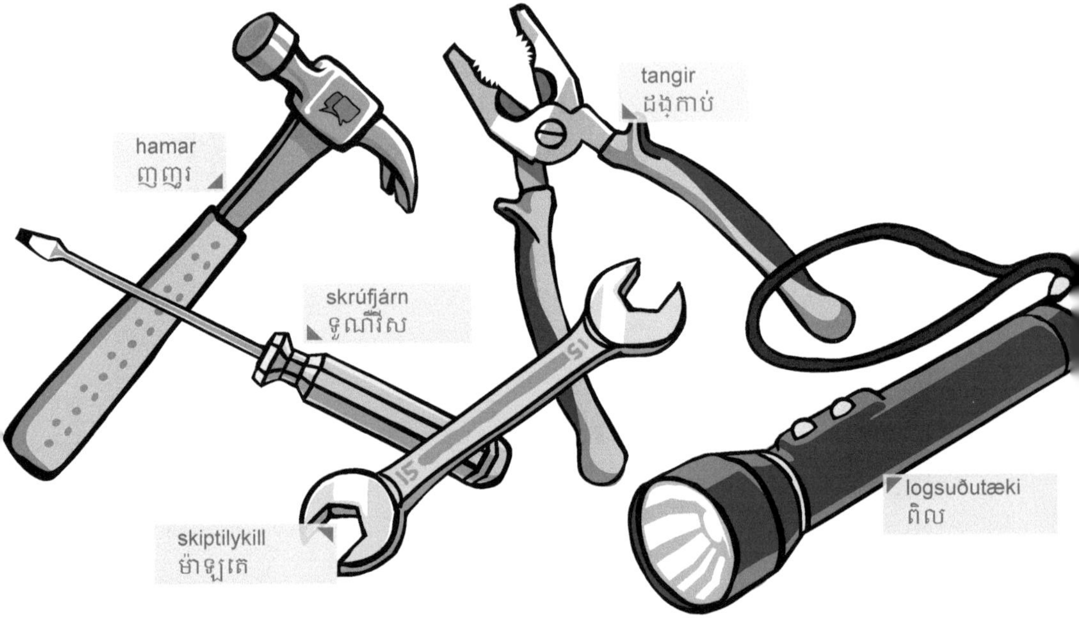
hamar
ញញួរ
tangir
ដង្កាប់
skrúfjárn
ទួណឺវីស
skiptilykill
ម៉ាឡេត
logsuðutæki
ពិល

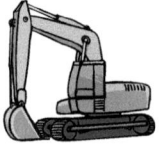

grafa
ម៉ាស៊ីនជីក

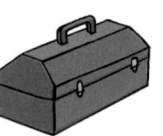

verkfærataska
ប្រអប់ឧបករណ៍

stigi
ជណ្តើរ

sög
រណារ

naglar
ដែកគោល

bor
ប្រដាប់ស្វាន

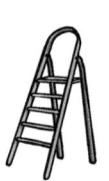

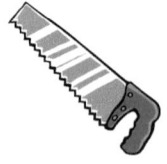

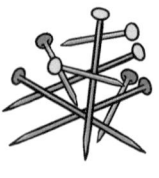

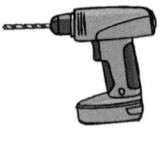

gera við

ជួសជុល

skófla

ប៉ែល

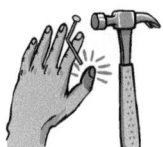

Fjandinn!

ចង្រៃ!

fægiskófla

បុរដោបចូកធូលី

málningarfata

ធុងថ្នាំពណ៌

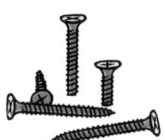

skrúfur

វីស

hljóðfæri
ឧបករណ៍តន្ត្រី

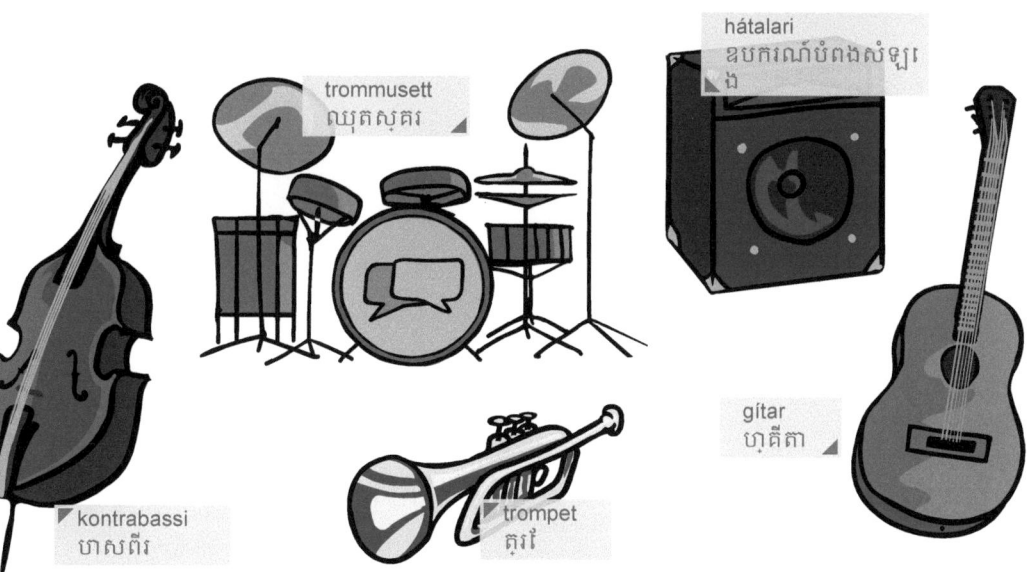

trommusett
ឈុតសូគរ

hátalari
ឧបករណ៍បំពងសំឡេង

gítar
ហ្គីតា

kontrabassi
បាសពីរ

trompet
គូរវែ

píanó

ព្យាណូ

fiðla

វីយូឡុង

bassi

ហាស

pákur

ស្គររពោសសុបកែមុ៉ាង

trommur

ស្គរ

hljómborð

យ៉ឺបត

saxófónn

សាក់សូហ្វូន

flauta

ខ្លុយ

hljóðnemi

មីក្រូហ្វូន

dýragarður
សួនសត្វ

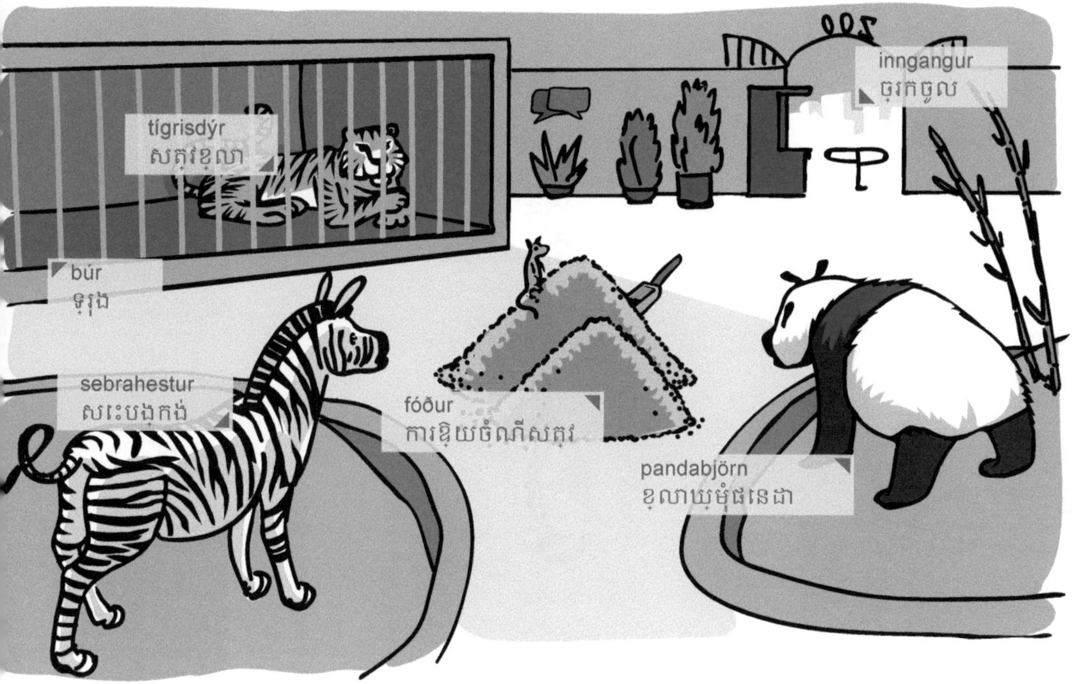

inngangur
ច្រកចូល
tígrisdýr
សត្វខ្លា
búr
ទ្រុង
sebrahestur
សេះបង្កង់
fóður
ការឱ្យចំណីសត្វ
pandabjörn
ខ្លាឃ្មុំផេនដា

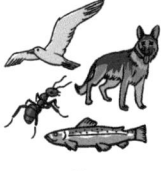

dýr

សត្វ

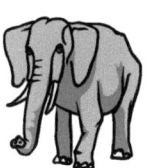

fíll

សត្វដំរី

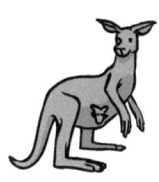

kengúra

សត្វកង់ហ្គារូ

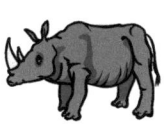

nashyrningur

សត្វរមាស

górilla

សត្វស្វាហ្គ័រីឡា

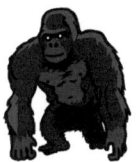

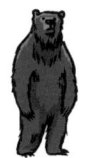

skógarbjörn

ខ្លាឃ្មុំពណ៌ត្នោត

úlfaldi

សត្វអូដ្ឋ

strútur

សត្វអូទ្រែស

ljón

សត្វតោ

api

ស្វា

flamingó

សត្វក្រៀល

páfagaukur

សកែ

ísbjörn

ខ្លាឃ្មុំតំបន់ប៉ូល

mörgæs

ផេនឃ្វីន

hákarl

ត្រីឆ្លាម

páfugl

ក្ងោក

snákur

សត្វពស់

krókódíll

ក្រពើ

dýragarðsvörður

អ្នករក្សាសួនសត្វ

selur

ឆ្មាទឹក

jagúar

ខ្លារខិនមុំយ៉ាង

hestur

កូនសេះ

hlébarði

ខ្លារខ្ចិន

flóðhestur

សត្វដំរីទឹក

gíraffi

សត្វករវ៉ៃ

örn

ពន្ធុវ៉ី

villisvín

ជ្រូក

fiskur

ត្រី

skjaldbaka

អណ្ដើកបៀ

rostungur

លទោមមចុា

refur

កញ្ជ្រោង

gasella

ក្តាន់

Ameriskur fótbolti
កីឡាបាល់ទាត់អាមេរិក

hjólreiðar
ការបុ៉ណ្ដាំងកង់

tennis
កីឡាថេន្នីស

körfubolti
កីឡាបាល់បោះ

sund
កីឡាហាលេទឹក

íshokkí
កីឡាវាយកូនមាល់លើ
កក

hnefaleikar
កីឡាប្រដាល់

fótbolti

កីឡាបាល់ទាត់

hnit

កីឡាវាយសី

frjálsar íþróttir

អត្តពលកម្ម

handbolti

កីឡាបាល់កាន់

skíði

ការជិះស្គី

póló

ប៉ូឡូ

hoppa
លម្ពោត

syngja
ច្រៀង

faðma
ឱប

hlæja
សើច

ganga
ដើរ

biðja
អធិស្ឋាន

kyssa
ថើប

dreyma
សុបិន្ត

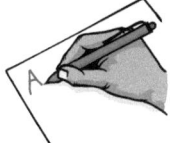

skrifa
សរសេរ

teikna
គូរ

sýna
បង្ហាញ

ýta
រុញ

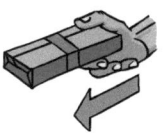

gefa
ឲ្យ

taka
យក

hafa

មាន

gera

ធ្វើរឿ

vera

គឺ

standa

ឈរ

hlaupa

រត់

draga

ទាញ

kasta

បោះ

detta

ធ្លាក់

ljúga

កុហក

bíða

រង់ចាំ

bera

យួរ

sitja

អង្គុយ

klæða sig

សុលៀកពាក់

sofa

ដេក

vakna

ភ្ញាក់ឡ្យើង

líta á
មេើល

gráta
យ័ំ

strjúka
គូសវាស

greiða
សិតសក់

tala
និយាយ

skilja
យល់

spyrja
សួរ

hlusta
ស្ដាប់

drekka
ផឹក

borða
បរិភោគ

taka til
សម្អាត

elska
ស្រឡាញ់

elda
ចម្អិន

keyra
បើកបរ

fljúga
ហោះ

sigla

ចែកទូក

reikna

គណនា

lesa

អាន

læra

រៀន

vinna

ធ្វើការ

giftast

រៀបការ

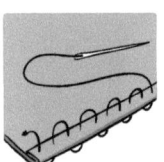

sauma

ដេរ

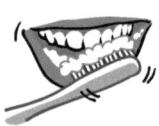

bursta tennur

ដុសធ្មេញ

drepa

សម្លាប់

reykja

ជក់

senda

ផ្ញើទៅ

amma
ជីដូន

afi
ជីតា

faðir
ឪពុក

móðir
មុតាយ

barn
ទារក

dóttir
កូនស្រី

sonur
កូនប្រុស

gestur
ភ្ញៀវ

frænka
មីង

frændi
ពូ

bróðir
បងប្អូនប្រុស

systir
បងប្អូនស្រី

líkami
រាងកាយ

enni
ថ្ងាស
auga
ភ្នែក
öxl
ស្មា
fingur
ម្រាមដៃ
andlit
មុខ
haka
ចង្កា
hönd
ដៃ
fótleggur
ជើង
brjóst
សុដន់
handleggur
ដៃ

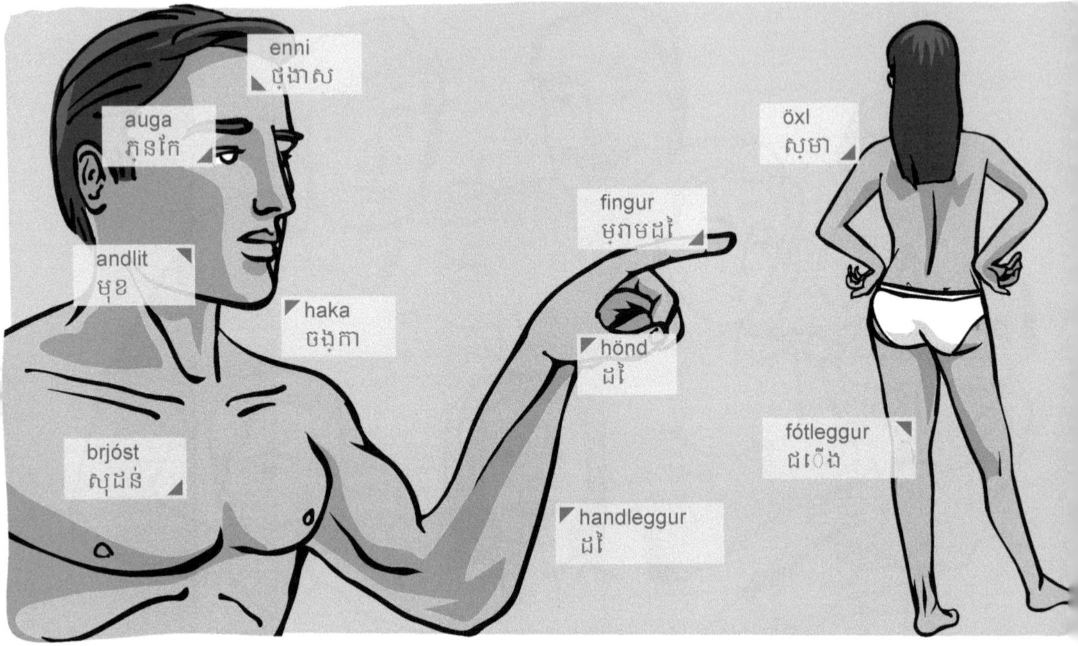

barn

ទារក

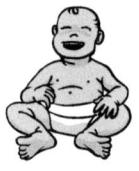

maður

បុរស

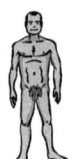

kona

ស្ត្រី

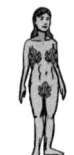

stúlka

ក្មេងស្រី

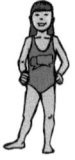

drengur

ក្មេងប្រុស

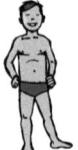

höfuð

ក្បាល

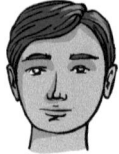

bak

ខ្នង

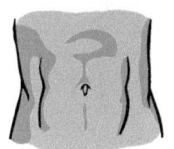

kviður

ពោះ

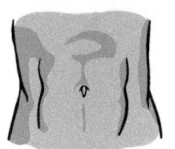

nafli

ផ្ចិត

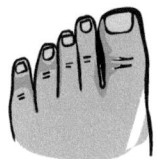

tá

ម្រាមជេីង

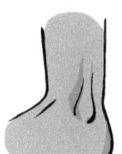

hæll

កែងជេីង

bein

ឆ្អឹង

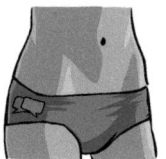

mjöðm

គូរគាក

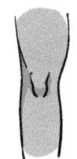

hné

ជង្គង់

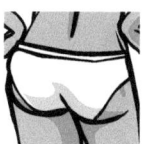

olnbogi

កែងដៃ

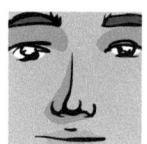

nef

ច្រមុះ

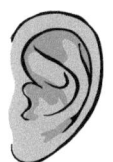

rass

គូទ

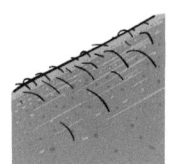

húð

ស្បែក

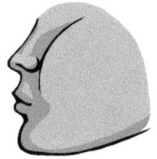

kinn

ថ្ពាល់

eyra

ត្រចៀក

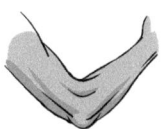

vör

បបូរមាត់

munnur

មាត់

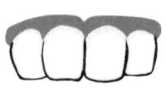

tönn

ធ្មេញ

tunga

អណ្ដាត

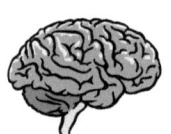

heili

ខួរក្បាល

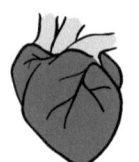

hjarta

បេះដូង

vöðvi

សាច់ដុំ

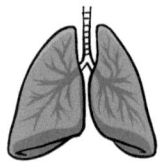

lunga

សួត

lifur

ថ្លើម

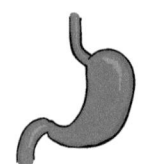

magi

ក្រពះ

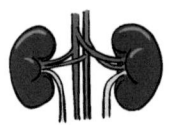

nýru

តម្រងនោម

kynmök

ការរួមភេទ

smokkur

ស្រោមអនាម័យ

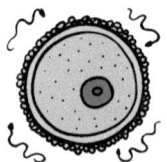

eggfruma

អូវុល

sæði

ទឹកកាម

ólétta

ការមានផ្ទៃពោះ

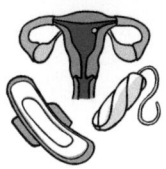

tíðir

មករដូវ

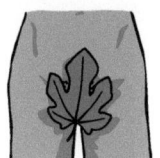

leggöng

ទ្វារមាស

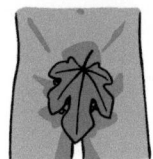

typpi

លិង្គ

augabrún

ចិញ្ចើមភ្នែក

hár

សក់

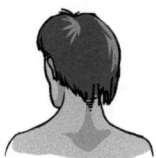

háls

ក

sjúkrahús
មន្ទីរពេទ្យ

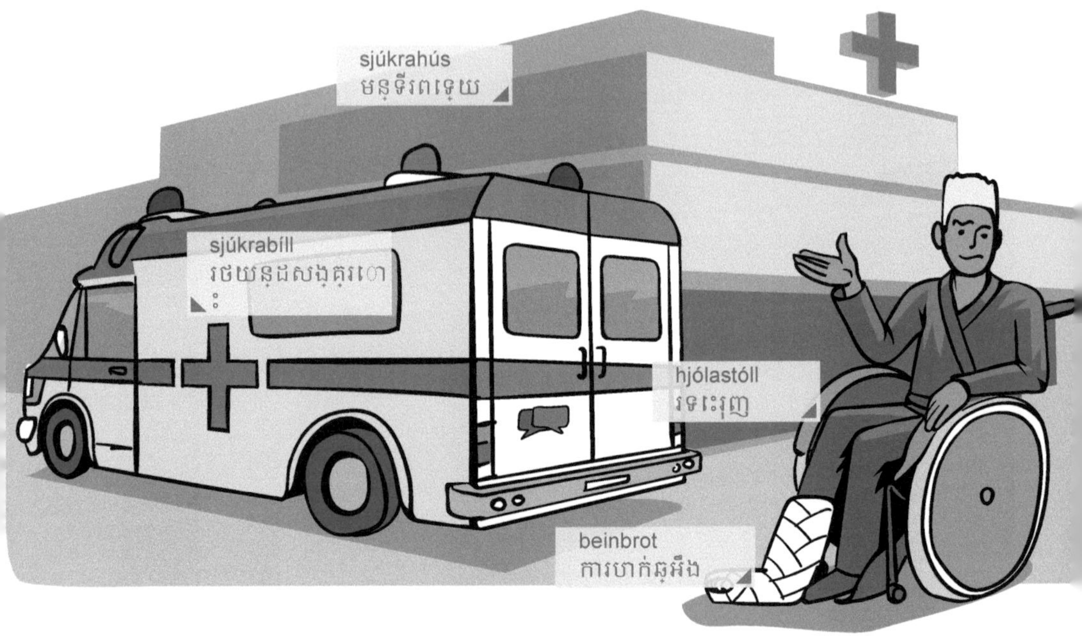

sjúkrabíll
រថយន្តជសង្គ្រោះ

hjólastóll
រទេះរុញ

beinbrot
ការបាក់ឆ្អឹង

læknir

វេជ្ជបណ្ឌិត

bráðamóttaka

បន្ទប់សង្គ្រោះបន្ទាន់

hjúkrunarfræðingur

គិលានុបដ្ឋាយិកា

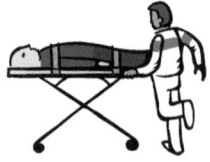

neyðartilvik

សង្គ្រោះបន្ទាន់

meðvitundarlaus

សន្លប់

verkir

ការឈឺចាប់

meiðsli

ការរងរបួស

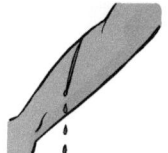

blæðing

ការហូរឈាម

hjartaáfall

គាំងបេះដូង

heilablóðfall

មុឋដាច់សរសែឈាមក្នុង
ក្បាល

ofnæmi

អាលែកហ្សី

hósti

ក្អក

hiti

ជំងឺគ្រុន

flensa

ជំងឺផ្តាសាយ

niðurgangur

ជំងឺរាគរូស

höfuðverkur

ឈឺក្បាល

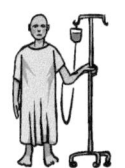

krabbamein

ជំងឺមហារីក

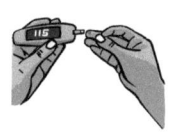

sykursýki

ជំងឺទឹកនោមផ្អែម

skurðlæknir

គ្រូពេទ្យវះកាត់

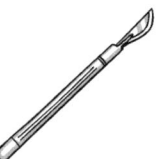

skurðhnífur

កាំបិតវះកាត់

aðgerð

ប្រតិបត្តិការ

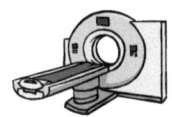

sneiðmyndataka

CT

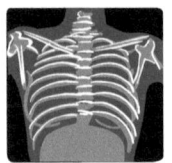

röntgengeisli

ការស្មើអ៊ិច

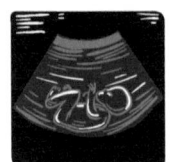

ómskoðun

អេកូ

andlitsgríma

របាំងមុខ

sjúkdómur

ជំងឺ

biðstofa

រង់ចាំបន្ទប់

hækja

ឈរើចរុវត់

gifs

មួនាងសិលា

sáraumbúðir

បង់រុំ

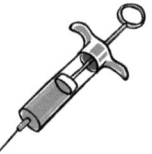

sprauta

ការចាក់ថ្នាំ

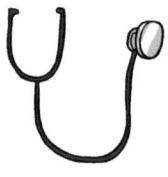

hlustunarpípa

ស្តជត្គេ

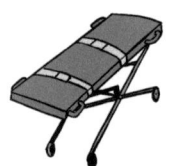

börur

ស្ននដែងរួស

líkamshitamælir

ទរម៉ែម៉ែត្ររុវ្គយាបាល

fæðing

កំណេវើត

yfirvigt

លេវើសទមុងន់

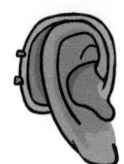

heyrnartæki
ឧបករណ៍ជំនួយការស្តាប់

sótthreinsiefni
សារធាតុសម្លាប់មេរោគ

sýking
ការឆ្លងមេរោគ

veira
មេរោគ

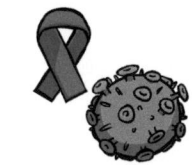

HIV / AIDS
មេរោគអេដស៍ / ជំងឺអេដស៍

lyf
ថ្នាំពេទ្យ

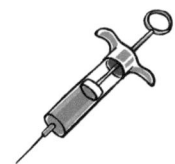

bólusetning
ការចាក់ថ្នាំបង្ការ

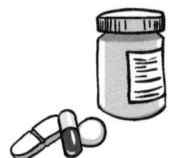

töflur
ថេប្បលិត

pilla
ថ្នាំគ្រាប់

neyðarsímtal
ការហៅទៅលេខអាសន្ន

blóðþrýstingsmælir
ឧបករណ៍ពិនិត្យសម្ពាធ
ឈាម

lasinn / heilbrigður
ឈឺ / មានសុខភាពល្អ

Hjálp!

ជំនួយ!

viðvörun

សំឡេងរោទ៍

líkamsárás

ការវាយលុក

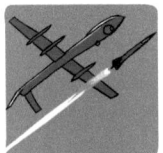

árás

ការវាយប្រហារ

hætta

គ្រោះថ្នាក់

neyðarútgangur

ចរកចេញគ្រោះអាសន្ន

Eldur!

អគ្គីភ័យ!

slökkvitæki

បំពង់ពន្លត់អគ្គីភ័យ

slys

គ្រោះថ្នាក់

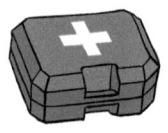

skyndihjálparbúnaður

ឧបករណ៍ជំនួយបឋម

SOS

SOS

lögregla

ប៉ូលិស

Evrópa

អឺរុប

Norður-Ameríka

អាមេរិកខាងជើង

Suður-Ameríka

អាមេរិកខាងត្បូង

Afríka

អាហ្វរិក

Asía

អាស៊ី

Ástralía

អូស្ត្រាលី

Atlantshaf

អាត្លង់ទិច

Kyrrahaf

ប៉ាស៊ីហ្វិក

Indlandshaf

មហាសមុទ្រឥណ្ឌា

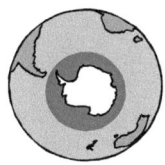

Suður-Íshaf

របាសមុទ្រអង់តាក់ទិច

Norður-Íshaf

មហាសមុទ្រអាកទិច

Norðurpóll

ប៉ូលខាងជើង

Suðurpóll

ប៉ូលខាងត្បូង

Suðurskautslandið

អង់តាក់ទិក

Jörð

ផែនដី

land

ដីគោក

sjór

សមុទ្រ

eyja

កោះ

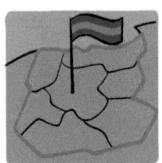

þjóð

ប្រទេសជាតិ

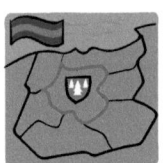

ríki

រដ្ឋ

klukkuskífa

មុខនាឡិកា

litli vísir

ទ្រនិចម៉ោង

stóri vísir

ទ្រនិចនាទី

sekúnduvísir

ទ្រនិចវិនាទី

Hvað er klukkan?

ម៉ោងប៉ុន្មាន?

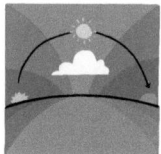

dagur

ថ្ងៃ

tími

ពេលវេលា

nú

ឥឡូវនេះ

tölvuúr

នាឡិកាឌីជីថល

mínúta

នាទី

klukkustund

ម៉ោង

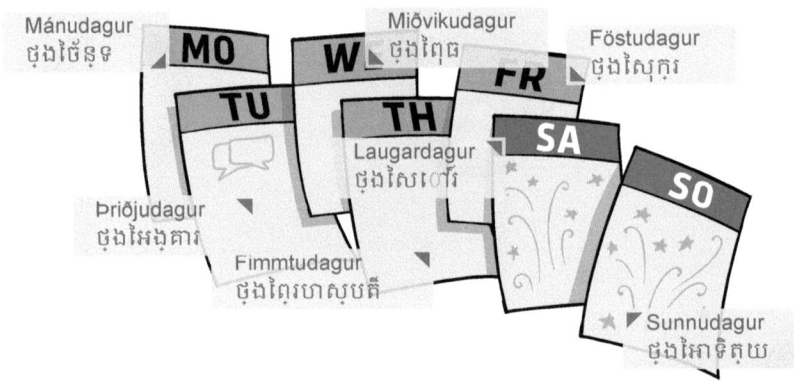

Mánudagur
ថ្ងៃចន្ទ

Miðvikudagur
ថ្ងៃពុធ

Föstudagur
ថ្ងៃសុក្រ

Þriðjudagur
ថ្ងៃអង្គារ

Laugardagur
ថ្ងៃសៅរ៍

Fimmtudagur
ថ្ងៃព្រហស្បតិ៍

Sunnudagur
ថ្ងៃអាទិត្យ

í gær
មុសិលមិញ

í dag
ថ្ងៃនេះ

á morgun
ថ្ងៃស្អែក

morgunn
ព្រឹក

hádegi
ថ្ងៃត្រង់

kvöld
ល្ងាច

virkir dagar
ថ្ងៃធ្វើការ

helgi
ថ្ងៃសប្ដាហ៍

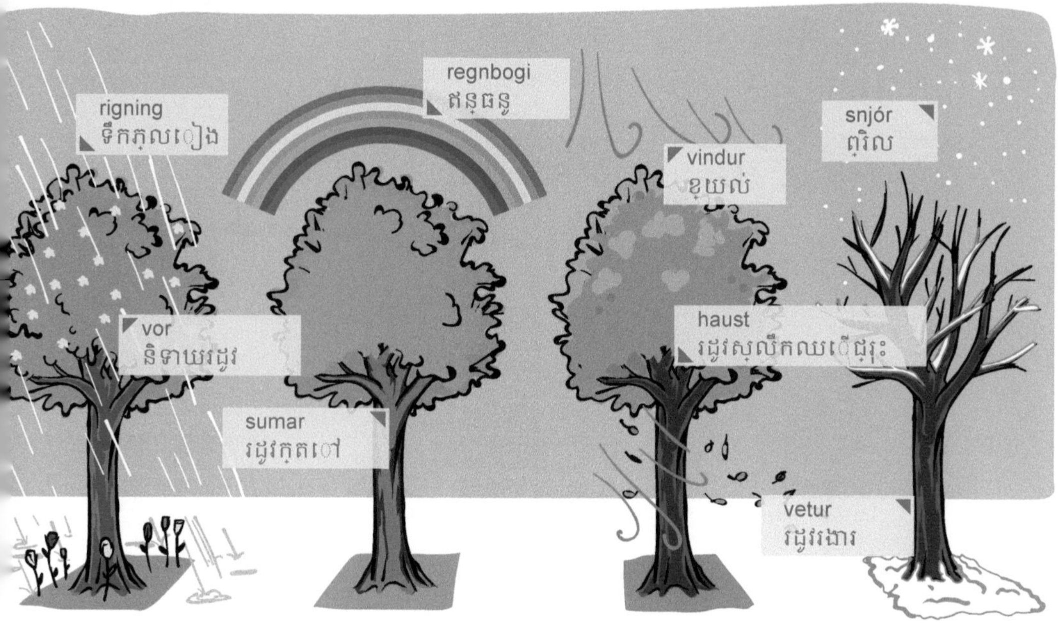

rigning
ទឹកភ្លៀង
regnbogi
ឥន្ធធនូ
vindur
ខ្យល់
snjór
ព្រិល
vor
និទាឃរដូវ
sumar
រដូវក្តៅ
haust
រដូវស្លឹកឈើជ្រុះ
vetur
រដូវរងារ

4.APRIL 11°
5.APRIL 4°
6.APRIL 13°
7.APRIL 8°
8.APRIL 10°

veðurspá

ព្យាករណ៍អាកាសធាតុ

F C
120 90 60 30 0 -30
40 30 20 10 0 -10 -20

hitamælir

ទែរម៉ូម៉ែត្រ

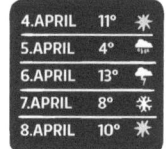

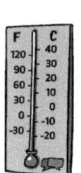

sólskin

ពន្លឺថ្ងៃ

ský

ពពក

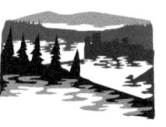

þoka

អ័ព្ទ

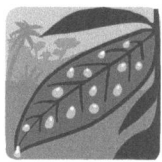

raki

សំណើម

eldingar
នន្ទ:

þrumuveður
ផ្គរ

stormur
ព្យុះ

haglél
ព្រិល

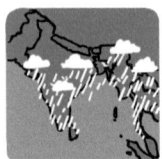
monsún
ខ្យល់មូសុង

flóð
ទឹកជំនន់

ís
ទឹកកក

Janúar
ខែមករា

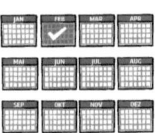
Febrúar
ខែកុម្ភៈ

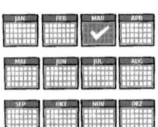
Mars
ខែមីនា

Apríl
ខែមេសា

Maí
ខែឧសភា

Júní
ខែមិថុនា

Júlí
ខែកក្កដា

Ágúst
ខែសីហា

ár - ឆ្នាំ

September

....

ខែកញ្ញា

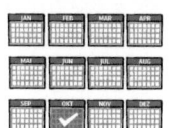

Október

....

ខែតុលា

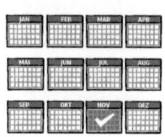

Nóvember

....

ខែវិច្ឆិកា

Desember

....

ខែធ្នូ

hringur

....

រង្វង់

ferningur

....

ការ៉េ

rétthyrningur

....

ចតុកោណកែង

þríhyrningur

....

ត្រីកោណ

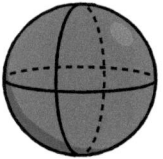

kúla

....

ស្វ៊ែរ

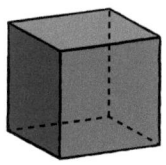

teningur

....

គូប

hvítur

ពណ៌ស

gulur

ពណ៌លឿង

appelsínugulur

ពណ៌ទឹកក្រូច

bleikur

ពណ៌ផ្កាឈូក

rauður

ពណ៌ក្រហម

fjólublár

ពណ៌ស្វាយ

blár

ពណ៌ខៀវ

grænn

ពណ៌បតែង

brúnn

ពណ៌ទឹកក្រូច

grár

ពណ៌ប្រផេះ

svartur

ពណ៌ខ្មៅ

mikið / lítið

ច្រើន / តិចតួច

reiður / rólegur

ខឹង / គួរជាក់ចិត្ត

fallegur / ljótur

ស្រស់ស្អាត / អាក្រក់

upphaf / endir

ចាប់ផ្ដើម / បញ្ចប់

stór / lítill

ធំ / តូច

bjartur / dimmur

ភ្លឺ / ងងឹត

bróðir / systir

បុអូនបុរស / បងបុអូនស្រី

hreinn / óhreinn

ស្អាត / កខ្វក់

heill / ófullnægjandi

ពេញលេញ / មិនពេញលេញ

dagur / nótt

ថ្ងៃ / យប់

dauður / lifandi

ស្លាប់ / នៅរស់

breiður / mjór

ធំទូលាយ / តូចចង្អៀត

ætur / óætur

អាចបរិភោគបាន / មិនអាចបរិភោគបាន

vondur / góður

ចិត្តអាក្រក់ / ចិត្តល្អ

spenntur / leiður

ការរំភើប / អផ្សុក

feitur / mjór

ធាត់ / ស្គម

fyrstur / síðastur

ដំបូង / ចុងក្រោយ

vinur / óvinur

មិត្តភក្តិ / សត្រូវ

fullur / tómur

ពេញ / ទទេ

harður / mjúkur

រឹង / ទន់

þungur / léttur

ធ្ងន់ / ស្រាល

svangur / þyrstur

ភាពអត់ឃ្លាន / ការស្រេកឃ្លាន

lasinn / heilbrigður

ឈឺ / មានសុខភាពល្អ

ólöglegur / löglegur

ខុសច្បាប់ / ត្រូវច្បាប់

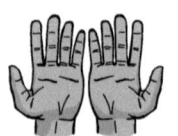

greindur / heimskur

ឆ្លាតវៃ / ឆ្កួត

vinstri / hægri

ឆ្វេង / ស្តាំ

nálægur / fjarlægur

ជិត / ឆ្ងាយ

nýr / notaður

ថ្មី / ហានប្រើ

ekkert / eitthvað

គ្មានអ្វីសោះ / អ្វីមួយ

gamall / ungur

ចាស់ / កុមរង

kveikt / slökkt

បើក / បិទ

opna / loka

បើក / បិទ

Lágvær / hávær

ស្ងប់ស្ងាត់ / ឮខ្លាំង

ríkur / fátækur

មាន / ក្រ

rétt / rangt

ត្រូវ / ខុស

grófur / sléttur

គ្រើម / រលោង

sorgbitinn / hamingjusamur

ិហាកចិត្ត / សប្បាយចិត្ត

stutt / lengi

ខ្លី / វែង

hægt / hratt

យឺត / លឿន

blautur / þurr

សើម / ស្ងួត

heitur / kaldur

ក្តៅ / ត្រជាក់

stríð / friður

សង្គ្រាម / សន្តិភាព

0

núll

ស្ូន្យ

1

einn

មួយ

2

tveir

ពីរ

3

þrír

បី

4

fjórir

បួន

5

fimm

ប្រាំ

6

sex

ប្រាំមួយ

7

sjö

ប្រាំពីរ

8

átta

ប្រាំបី

9

níu

ប្រាំបួន

10

tíu

ដប់

11

ellefu

ដប់មួយ

12

tólf

ដប់ពីរ

13

þrettán

ដប់បី

14

fjórtán

ដប់បួន

15

fimmtán

ដប់ប្រាំ

16

sextán

ដប់ប្រាំមួយ

17

sautján

ដប់ប្រាំពីរ

18

átján

ដប់ប្រាំបី

19

nítján

ដប់ប្រាំបួន

20

tuttugu

ម្ភៃ

100

hundrað

រយ

1.000

þúsund

ពាន់

1.000.000

milljón

លាន

Enska

អង់គុលសេ

Amerísk enska

អង់គុលសេអាមេរិក

Mandarin-kínverska

ចិនកុកឌី

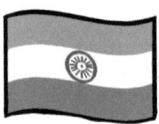

Hindí

ហិណ្ឌខូ

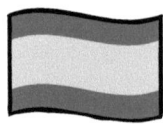

Spænska

អេស្ប៉ាញ

Franska

ហារំង

Arabíska

អារ៉ាប់

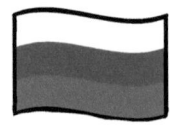

Rússneska

រុស្ស៊ី

Portúgalska

ព័រទុយហ្គាល់

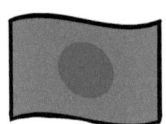

Bengali

បង់កុលាដសែ

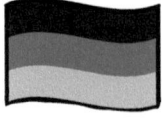

Þýska

អាល្លឺម៉ង់

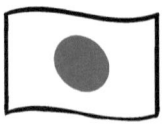

Japanska

ជប៉ុន

ég

ខ្ញុំ

þú

អ្នក

hann / hún / það

គាត់ / នាង / វា

við

យេីង

þú

អ្នក

þeir

ពួកគេហេន

hver?

នរណា?

hvað?

អ្វី?

hvernig?

របៀបណា?

hvar?

កន្លែងណា?

hvenær?

ពេលណា?

nafn

ឈ្មោះ

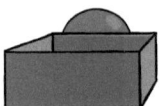

bakvið

ពីក្រោយ

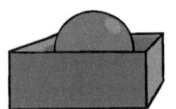

í

ក្នុង

fyrir framan

ពីមុខ

yfir

ពីលើ

á

នៅលើ

undir

នៅក្រោម

við hliðina

នៅក្បែរ

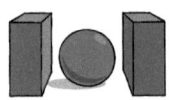

milli

រវាង

sæti

កន្លែង